U0113323

作者简介

　　范晓玲 新疆财经大学中国语言学院教授。研究方向为中亚汉语及中国文化传播，新疆少数民族语言应用及文化融合。主持并完成教育部及省部级课题6项，发表核心论文近20篇，获得新疆哲学社会科学奖二等奖等3项。

新疆师范大学中亚国际教育基地2015年重点项目"一带一路沿线国家哈萨克斯坦的中国认同"（XJEDU040715B02）成果经费以及2016年度新疆财经大学专著出版基金资助项目

新疆文化研究学术丛书

"一带一路"沿线国家哈萨克斯坦的中国认同

Dentification with China
——Kazakhstan as a country along the Belt and Road

范晓玲◎著

光明日报出版社

图书在版编目（CIP）数据

"一带一路"沿线国家哈萨克斯坦的中国认同 /
范晓玲著 . -- 北京：光明日报出版社，2016. 12

ISBN 978 - 7 - 5194 - 2577 - 7

Ⅰ. ①一… Ⅱ. ①范… Ⅲ. ①国家—形象—研究—中国
Ⅳ. ①D6

中国版本图书馆 CIP 数据核字（2017）第 032950 号

"一带一路"沿线国家哈萨克斯坦的中国认同

著　　者：范晓玲

责任编辑：曹美娜　　　　　　　　责任校对：赵鸣鸣

封面设计：中联学林　　　　　　　责任印制：曹　净

出版发行：光明日报出版社

地　　址：北京市东城区珠市口东大街 5 号，100062

电　　话：010 - 67078251（咨询），67078870（发行），67019571（邮购）

传　　真：010 - 67078227，67078255

网　　址：http://book. gmw. cn

E - mail：gmcbs@ gmw. cn　caomeina@ gmw. cn

法律顾问：北京德恒律师事务所龚柳方律师

印　　刷：北京天正元印务有限公司

装　　订：北京天正元印务有限公司

本书如有破损、缺页、装订错误，请与本社联系调换

开　　本：710 × 1000　1/16

字　　数：220 千字　　　　　　　　印　张：14

版　　次：2019 年 1 月第 1 版第 2 次印刷

书　　号：ISBN 978 - 7 - 5194 - 2577 - 7

定　　价：68. 00 元

总　序

新疆地处欧亚大陆地理中心，是中国向西开放的门户，是一个一体多元文化并存的地区，发展文化产业有着得天独厚的优势和巨大潜力。更重要的是，人文相亲，地理接壤，经济相融。当前，新疆正在加快丝绸之路经济带核心区建设，"一带一路"诸国许多属于和我国毗邻的周边国家，我国与这些国家之间有相当数量共同的民族和语言，这些跨境民族和语言可能在"一带一路"战略中扮演十分重要的沟通与认同的角色。这有利于促进沿线各国经济繁荣与区域经济合作，加强不同文明交流互鉴，促进世界和平发展，是一项造福世界各国人民的伟大事业。新疆五大中心建设其中之一就是区域性文化科教中心，中央新疆工作座谈会后，自治区党委提出以现代文化为引领，文化事业发展取得了较好的进展。

中国需要通过各种方式，向沿线国家讲好"一带一路"故事，传播好"一带一路"声音，为"一带一路"建设营造良好舆论环境，打造坚实广泛的社会基础，加强和重视在"一带一路"沿线国家的中国国家形象塑造，加强"一带一路"国民能听懂及看懂语言的有关"一带一路"信息的发布及宣传工作，加强"一带一路"民心相通等方面的工作。

新疆财经大学是一所以经济学、管理学为主、多学科协调发展的自治区重点建设大学，现已形成全方位、多层次的人才培养体系。学校在发展过程中，始终坚持为新疆经济建设服务，为推进新疆社会稳定和长治久安服务的理念。在国家"一带一路"建设战略的背景下，学校进一步加快了向"新疆名牌、西北一流、全国知名、辐射中亚"的有特色、高水平教学研究型财经大学目标的推进。为此，学校及时对相关研究成果进行梳理和整合，推出了丛书之一的"新疆文化研究"学术丛书。该丛书包括两本专著，涉及新疆高校少数民族学生三语文化习得研究，"一带一路"沿线国家哈萨克斯坦的中国认同，具体包括以下方面：

1. 专著《新疆高校少数民族学生三语文化习得研究》

国外三语习得研究主要以移民为研究对象，多是基于同一语系框架下对西欧语言的检测，这与我国少数民族学生三语（本民族语、汉语、外语）文化习得情况有较大区别。这三种语言分属截然不同的语系，产生于完全不同的历史文化和民族之中。目前国内三语文化习得研究对象多见于母语为汉语的三语习得者，对多元文化语境下不同语系中不同类型少数民族学生的三语文化习得"缺失"实证和理论研究。因此涉及不同语系的三语习得个体特征研究尤为必要，本族语（L1）、汉语（L2）、外语（L3）习得过程不是相互孤立的，而是呈现出历时递进和共时依托的关系。

本次研究凸显地缘文化特色，针对新疆不同语系下不同类型少数民族学生三语习得特点和规律进行对比考察，并对其进行本土化解释及应用。研究对策致力于提升少数民族学生三语习得成效、促进个人语言能力和跨文化交际能力的构建，以此丰富三语习得研究视角，扩大研究对象范围，将基础教育和高等教育不同阶段的三语文化习得相衔接，使研究更具延续性。研究形成的一系列相关理论成果和对比实验方案能够为三语文化习得理论的发展提供新的佐证和文献，为教育教学研究与实践提供反馈和对策建议。

作为丝绸之路经济带核心区域的新疆，三语或多语习得的研究意义深远，国家"一带一路"战略要实现"五通"，必然需要语言互通，发挥语言既是文化资源，又是经济资源的不可替代的优势。新契机下要注重发挥语言作为区域一体化人文交流组织要素的整合功能，培养跨文化交际多语复合型国际人才进而助推国家战略的实施。本次三语文化习得研究是系统开发少数民族学生多语能力、构建多元文化的重要手段，语言能力培养和研究是发展地区经济、文化、教育的必然选择，是民族地区与周边国家互动创新的客观需要和研究趋势。研究能够为"一带一路"国家语言能力建设在战略导向、能力需求、资源种类和资源质量等方面提供科研支撑，有利于促进少数民族地区的文化科教水平的提高以及多元文化的和谐发展与高度融合——使得学习者获得适应本民族文化、主流文化以及全球社会所需的知识、技能和态度，提高多元文化素养。

2. 专著《"一带一路"沿线国家哈萨克斯坦的中国认同》

目前中国与哈萨克斯坦正全面推动"一带一路"和"光明之路"新经济政策对接，中哈合作前景光明。为考察目前"一带一路"沿线国家向西第一站，"丝绸之路经济带"构想提出地——哈萨克斯坦国民眼中的中国形象，本书对现行哈萨克斯坦中学普教历史及地理教科书和主流纸媒中的中国形象进行了初步的分析；对哈萨克斯坦普通国民进行问卷调查，全面了解哈国不同群体对中国形象的认知；通过问卷、专家学者访谈，三年跟踪调查哈国国内不同群体及来新疆的哈国留学生群体，全面了解他们对"一带一路"的社会认知及发生的认知变化；通过实地调研，了解哈萨克斯坦孔子学院的汉语及中国文化传播状况。力求通过系统全面的了解，从古丝绸之路到今天的"一带一路"，勾画出哈萨克斯坦国民眼中中国形象以及"一带一路"认知的大致轮廓，并分析其成因，考察其政策、对策。本研究不但可以间接地了解哈萨克斯坦国民眼中的中国形象，还能充分理解他们的"中国观"的成因。这些都有助于我们改进对外传播，改善哈萨克斯坦公众中的中国形象，营造良好的国际舆论环境，对把握中哈关系的发展前景，提升哈萨克斯坦的中国影响力，加快"一带一路"建设，维护中国西北边疆的稳定和文化安全至关重要。

本书作为一项学术研究成果，既有理论性的探究，也有基于实地调查的数据引证。目前中国学者对于中亚国家教科书、纸媒等方面的中国形象研究还非常缺乏。本研究以"教科书政治学""文本分析"等方法进行的"国家形象研究"和"情感地缘政治学研究"，在中国与中亚区域的研究上具有一定的创新性。对我们分析中亚国家的学校教材、媒体报道、互联网信息、国民眼中的中国形象信息，了解兄弟国家对当代中国和"一带一路"的认知，都具有较高的学术价值和应用价值。

　　总体上看，本套丛书具有以下一些鲜明的特色：首先，能够结合"一带一路"建设背景下新疆经济和社会发展的大局和现实问题进行研究，具有较强的资政作用；其次，各专著根据研究主题的需要在理论创新层面上有显著提升；最后，本丛书能够综合运用多种研究方法，以数量或实证分析来支撑研究结论，立论坚实。本丛书得到新疆财经大学出版基金的资助，其顺利出版，不仅有利于推动新疆文化研究领域的深入发展和繁荣，更可以为丝绸之路经济带核心区建设提供重要的智力支持和决策参考。

"新疆文化研究"学术丛书编写组

2016/06/16

目　录
CONTENTS

绪 论

"一带一路"秉持的是共商、共建、共享原则,不是封闭的,而是开放包容的;不是中国一家的独奏,而是沿线国家的合唱,是沿线各国开放合作的宏大经济愿景,需各国携手努力,朝着互利互惠、共同安全的目标相向而行。

中亚五国之一哈萨克斯坦,中国的邻邦,古丝绸之路上的重要国家,"丝绸之路经济带"构想的提出地,也是当前"一带一路"中国向西拓展的第一站;同时又是中亚五国中领土面积最大,经济发展态势良好,国家稳定,对中亚地区主要事务具有重要决策影响。目前中哈双方正全面推动"一带一路"和"光明之路"新经济政策对接,中哈合作前景光明。20世纪90年代初,中国和哈萨克斯坦建交后,双方在平等、互利的基础上发展睦邻友好的战略合作伙伴关系。中国在中亚及哈萨克斯坦的影响力不断扩大,但影响力的扩大并不和国家形象的好坏成正比,因此中国在中亚民众心中的国家形象并没有随着中国影响力的扩大而上升。这既有历史原因,又有中国大举进军中亚产生的新问题,如视中国的经济介入为威胁,对中国开发能源的担忧,视孔子学院为文化侵入等等。这些不和谐因素不仅影响了中国在中亚民众心中的国家形象,也影响了"一带一路"发展中,中国与沿线国家合唱的步调一致性。鉴于此,本书稿展开了"一带一路"沿线国家向西第一站——哈萨克斯坦的中国认同研究。

一、"一带一路"沿线国家的中国形象研究

虽然中国的经济崛起令人刮目相看,但中国国际形象与其自身想要塑造的形象相差较大,对此国内虽有对于国家形象传播与构建的各种研究,但多集中

于形势分析和策略的探讨。

首先，"一带一路"沿线国家教科书中的中国形象问题尚未有人注意，即使对于其他国家的类似研究也尚嫌薄弱。国内研究：1. 李毅（2006）著《美国教科书里的中国》提到"美国的中小学教科书要么根本不讲中国，讲到中国的时候要么为了美国的政治需要，要么就是蜻蜓点水"；2. 环球杂志（2007. 33）《环球调查：国外教科书里的中国》报道分别以美国、日本、德国、印度等国家部分语文、历史教科书中的中国描述，论述了教育和媒体可以帮助人们了解外国教育灌输给学生的是怎样一个"中国"，也有助于人们寻找外国人对中国的各种看法的由来；3. 韦志榕（2012）接受中国教育报采访时说，根据人教社相关研究，日本、韩国、欧美等国家地理、历史和社会教科书中，对中国相关内容的描述普遍存在歪曲历史、丑化形象、错误表达、内容偏少、资料陈旧的问题；4. 针对日本和韩国的历史教科书中有关历史方面的研究论文，如王宏志《中韩历史教科书交流的开始——对韩国教科书中有关中国近现代史内容的探讨》，臧嵘《渤海国史的归属问题——评中韩两国历史教科书对渤海国的不同表述》，人民教育出版社历史室编《韩国中学历史教科书研究》，李隆庚《韩国历史教科书中有关中国历史的几个问题》，张海鹏《关于韩国历史教科书中有关中国历史的一些问题》，王景泽《清末中朝"间岛问题"概述》；5. 史密斯主编，侯定凯译（2005）《教科书政治学》论述教科书中的知识是各种政治、经济、文化、意识形态、经济因素相互作用的结果，参与教科书选择的各种因素呈现的，是决定政策的学校、政府和其他社会部门各种现实力量的一个缩影。以上研究首先多为完成一项特定任务（如参加某次会议）而写，不是作为课题研究来对待，因此不够系统和深入；第二对于历史方面的问题有更高的关注度，研究的文章也相对较多，而对涉及地理、中国形象问题的文章几乎没有；第三选择的研究国家较少，主要集中在日本和韩国等周边国家，而对其他国家教科书中的中国内容的研究几近空白。国外研究：日本、韩国的学者对于中国教科书如何描述日本、韩国的地理和历史进行了大量研究，德国也对中国的历史和地理教科书做过相应的研究。相比之下，中国学者对于外国教科书中如何表现中国历史、地理、社会等中国形象则比较缺乏研究，基本属于空白，有必要深入探讨。

其次，目前对"一带一路"中亚沿线国家媒体中的中国形象问题研究也未有深入细致的研究成果。就看到的材料，国外研究：在西方有关中国国家形象的文献中，门多萨《大中华帝国志》和利玛窦《基督教远征中国史》《利玛窦中国札记》对构建中国国家形象起了很大作用。19—21世纪以来，美国、欧洲、日本大批学者几十部文献论述了不同时期美国、英国、日本等国家正面的和负面的中国形象的演变。如芒罗《正在觉醒的巨龙：亚洲真正的威胁来自中国》，乔舒亚、库伯、雷默等学者《外国学者眼中的中国形象》，村井有秀（《论中国这个潜在的威胁》，天儿慧《日本人眼中的中国》等。国内研究：1. 从国际传播角度研究中国形象的。媒体研究主要集中在美国、欧洲、日本等发达国家及地区的主流报纸上，包括《纽约时报》《泰晤士报》《费加罗报》《法兰克福报》《读卖新闻》《朝日新闻》《朝鲜日报》等等，强调其在刻画中国形象上的话语霸权；2. 从国家形象和跨文化形象学角度展开的研究。如管文虎《国家形象论》、刘继南等人《国际传播与国家形象》《镜像中国——世界主流媒体的中国形象》、李希光《妖魔化中国的背后》《妖魔化与媒体轰炸》、周宁《世界的中国形象丛书》、张玉《日本报纸中的中国形象》、董向荣等人《韩国人心目中的中国形象》；3. 百篇论文（硕博论文、期刊论文）涉及中国形象的研究，主要采用话语分析和内容分析法，从西方媒体、影视作品、文学作品中分析中国形象，主要集中在美国、日本等发达国家，其中倪建平（2007）《中国在中亚的国家形象塑造：文化传播的视角》从文化传播的角度阐述了中华文化在中亚的传播对于中国和平发展以及国家形象塑造的战略含义；于洪君（1997）《哈萨克斯坦报纸上的中国》论述了90年代哈驻华大使苏尔丹诺夫在哈萨克斯坦头号大报《哈萨克斯坦真理报》上发表长文，批驳哈萨克斯坦的中国威胁论，对加强中哈互信互通及肃清哈国内的消极影响发挥了一定作用。区内研究：潘志平、石岚等的成果从国家安全和新疆稳定角度论述了中国在中亚的战略地位，李建军《中华文化中亚传播方略研究》等成果从跨文化传播角度论述了中国与中亚文化交流力的建构。以上研究为本书稿提供了一定的基础，但研究大多是针对美国、日本等发达国家，涉及俄罗斯的中国形象研究还是19世纪以前的内容，而针对中亚国家的中国形象，尤其是近年且是报纸上的中国形象几近空白。显然，国内学者对中亚国家媒体中的中国形象研究是不足的，有必要深入分析研究。

其三，目前对"一带一路"沿线国家国民眼中的中国形象研究主要有：1.

欧美国家国民心目中的中国形象研究。周宁的《西方的中国形象研究》一书中提到：西方现代文化中，已经出现了两种中国形象类型"大汗的大陆"的传奇与"大中华帝国"的历史，然而在西方现代新的期望视野中，中国形象的第三种传奇化类型"孔夫子的中国"出现。中国对外传播中心发表的《中国国家形象调查报告2012》提到海外民众对中国的了解程度较高，70%以上的海外受访者表示对中国有所了解。电视、互联网和报纸杂志是海外民众了解中国最主要的途径。在发达国家，表示对中国有所了解的受访者在美国和澳大利亚也在70%以上；相对来讲，在调查覆盖的6个海外国家中，英国民众对中国的了解程度最低，对中国有所了解的比例为60%。在纽约时报广场播放的中国国家形象宣传片是我国在国家层面进行对外形象传播的首次尝试。从海外受访者的反馈看：超过30%的受访者表示该宣传片给他们留下了"中国有很多人才""中国发展得很好""中国人很自信"的印象；超过80%的海外受访者表示能很好地记住这是关于中国的宣传片。2. 亚洲国家国民心目中的中国形象。王晓玲、董向荣的《韩国人心目中的中国形象——基于焦点集团访谈的研究结果》表示：受访的韩国人对中国非常关注，但对中国的认识和情感都偏向负面。他们对社会主义制度持有偏见，虽然认为中国特色社会主义制度优越于他们心中的社会主义制度，但仍然认为中国"独裁""不透明""没有自由"。他们认为中国经济有巨大潜力，但中国产品是"廉价劣质"的代名词，并因此认为中国经济发展水平仍很低。受访者对中国崛起充满担忧，认为中国崛起后会成为霸权国而威胁韩国。在中韩关系方面，他们不认为中国是可信任的合作伙伴，虽然希望强化与中国的经济合作，但不愿承认韩国从中国的发展中受益。中国对外传播中心发表的《中国国家形象调查报告2012》中写道：中国品牌在海外已经建立起一定的知名度。超过半数的海外消费者可以接受中国品牌。电脑和IT产品、家电、零售商、服饰和游戏机是中国品牌接受度最高的5个品类。总体来看，中国品牌在海外市场已经建立起一定的知名度。在出示给海外受访者的18个中国品牌中，熟悉度相对较高的中国品牌有联想、海尔、中国国际航空、华为等。在印度和马来西亚，表示对联想和海尔"非常/比较熟悉"的受访者达到80%—90%，联想是海外消费者最为熟悉的中国品牌，在发展中国家的熟悉度平均可达到80%。何明星的在《海外传媒》中发表的《当代埃及青年如何认识中国——中国形象在阿拉伯世界的传播调查》中写道：借助影视以及中国武术两个媒介元素，成龙、李连杰的认知率在阿拉伯世界要高于中国政治人物毛泽东，也高于中国的历史名人老子、孙子、李时珍等。其中，武术名人占40%，影视虚构的中国人物与中国历史人物各占16%，中医名人与中国政治名人占12%，中国体育名人仅占4%。而武术名人、影视虚构人物有一个共同点，都是经由影视媒介而被埃及青年人所知晓的，影视媒介中有一个关键因素是好莱坞电影。3.中亚国家国民中的中国形象。倪建平在《中国在中亚的国家形象塑造：文化传播的视角》中这样写道：中国的文化、烹饪、书法、电影、艺术医学以及风尚流行在加强地区文化方面，一直都处于相对的弱势。而中亚新路线，诸如地下输油/汽管道、高速公路和铁路却进一步加强了中国不断参与该地区事务的影响力。于洪君的《哈萨克斯坦报纸上的中国》这篇文章中指出：中国不会对亚太地区邻国构成威胁，所谓中国通过经济和军事实力谋求决定性影响的理论没有依据。当然，对其他国家来说，中国在许多方面还是一个谜。

其四，"一带一路"沿线国家对"一带一路"的研究目前还处于概念阐释及理论探讨、对策建议和提出要求等方面，都在强调加强对"一带一路"沿线国家认知等方面的研究。1.近年来，习近平总书记的讲话中多次提及"一带一路"战略的实施对我国展示国家形象的重要意义，多次强调，中国有责任向世界阐释"一带一路"的内涵，以及"一带一路"对沿线国家的战略意义和所带来的经济发展机遇，努力营造有利于良好中国的国家形象所塑造的国际舆论场，使中国和沿线国家尽快将这一美好愿景变成现实。中国驻日本使馆原公使衔参赞白刚在2016年9月发表的题为《发挥教育交流与合作在"一带一路"建设中的关键作用》的文章中强调"一带一路"建设是历史和当今世界赋予中国的"大国责任"，也是我们的历史使命，要充分发挥教育交流与合作在"一带一路"建设中的关键作用，以教育交流促进与沿线国家的交往研究。2016年9月，第四届丝绸之路经济带环阿尔泰山次区域经济合作国际论坛暨投资贸易洽谈会指出只有开展区域合作，才能得到更多发展机遇；只有推进区域合作，才能开辟更加美好的前景。2016年8月，教育部在《推进共建"一带一路"教育行动》一文中强调，要加强与"一带一路"沿线国家的教育合作，互学互鉴，携手推动教育发展，促进民心相通，构建"一带一路"教育共同体，共创人类美好生活新篇章。由此可见，只有加强对"一带一路"沿线国家的研究，深入地了解沿线国家的全貌，才能精诚合作、互利共赢，才能更好地向世界展示中国形象。2."一带一路"倡议下对中国与其他国家关系治理的研究。杨思灵（2015）在《"一带一路"倡议下中国与沿线国家关系治理及挑战》一文中着重论述了"一带一路"沿线国家情况复杂、社会多元，处理好与沿线国家之间的关系，意义重大。其中，构建国家间战略利益的认同、结合中国文化传统，建构具有吸引力的文化范式尤为重要。马建英（2015）在《美国国对中国"一带一路"倡议的认知与反应》一文中提出"一带一路"倡议能否顺利实施，不仅需要沿线国家的积极响应，也离不开域外国家，尤其是要加强对关键大国的研究。作者通过对美国媒体、学界、智库等的考察发现，从总体上看，美国对中国的意图存在较大疑虑。其中提到"一带一路"倡议面临的主要挑战并非来自物质层面，而是精神层面，即能否树立起沿线国家对中国的认同，以推动该倡议从地理上的"互联互通"到价值上的"心心相通"的飞跃。3."一带一路"背景下对中国沿线国家、跨境民族中国认同的研究。张鑫（2016）在《"一带一路"彰显中国国家新形象》一文中从"一带一路"践行和平崛起的理念、展示开放包容的形象、打造亚洲命运共同体等三个方面论述了这一战略向世界传递的中国和平发展、开放包容、和他国互利共赢的价值理念是构建国家形象的过程。李荣（2016）在《"一带一路"对外传播的误区及相关对策建议》一文中指出，对于个别媒体、西方国家及新兴经济体中的少数人群对"一带一路"战略构想的误读，要从处理好对外传播与互惠合作的关系、充分发挥智库学者的智囊作用和传播作用、学会用国际话语讲述中国故事、善于营造与沿线国家的"共同经验范围"等四个方面论述了如何提高沿线国家对中国的认同。刘传春（2016）在《"一带一路"战略的质疑与回应——兼论人类命运共同体构建的国际认同》一文认为，只有通过增进政治互信、巩固经济互惠、创新合作机制才能在深化中国与沿线国家合作关系中增强人类命运共同体构建的国际认同，进而推动"一带一路"战略的成功实施。崔海亮（2016）在《"一带一路"背景下中国跨境民族的中华民族认同》从一文中指出，虽"一带一路"沿线所涉及的跨境民族问题较为复杂，但文化风俗相同，血脉相连。该文从增强中国跨境民族中华民族认同的必要性、意义和可能性等三个方面论述了"一带一路"战略的实施需要增强跨境民族的中华民族认同这一问题，并详细阐述了其对中华民族认同的构建途径。认为以实施"一带一路"战略为契机，积极探索增强中国跨境民族中华民族认同的构建途径，不仅对于解决我国的跨境民族问题有重要意义，而且对于实现世界民族的"和平跨居"也有重大启示。4."一带一路"战略下对构建"国家间认同"的理论指导的研究。余潇枫、张泰琦（2015）在《"和合主义"建构"国家间认同"的价值范式：以"一带一路"沿线国家为例》中提到目前，"一带一路"沿线国家对中国发起的倡议反响各异、认同不一、对策迭出。建构积极的"国家间认同"对"一带一路"方略推进与"丝绸之路新区域"治理有着决定性作用。"国家间认同"不仅是国家间相互合作的基本前提，也是区域共同体形成的必要条件。"和合主义"范式蕴含着中国式世界主义的价值，因而以"和合主义"为价值范式，打造利益共同体、责任共同体和命运共同体是"一带一路"沿线国家间认同建构的根本。在政治上，要树立建设伙伴关系的新思路；在经济上，要开创共同发展的新前景；在安全上，要营造各国共享安全的新局面；在文化上，要形成不同文明包容互鉴的新气象。"欧洲亚洲研究所的意大利学者玛丽亚·切亚拉·赞尼尼和荷兰学者吉姆·托马斯·威廉姆·斯图曼在《一带一路"倡议：致力于打造文化认同的一项宏伟社会工程》中指出，"一带一路"沿线国家，会因自我身份认知的不同而对"一带一路"进行不同的解读。哈萨克斯坦、吉尔吉斯斯坦等中亚国家缺乏综合性经济产业、缺乏曾经依赖的援助及强烈依赖于邻国的进出口和转口贸易，而中国的"一带一路"倡议能够加速中亚国家经济发展，提供低价产品，并直接创造就业岗位。因此哈、吉等国将中国视为与其拥有共同利益诉求的国家，对"一带一路"持积极态度，中国在这些国家的媒体和民间的形象也始终是积极或者中性的，应积极开展包含民间往来、科学教育交流在内的文化对话，深入推广古丝绸之路遗产，发展区域旅游业。杨思灵在《一带一路"倡议下中国与沿线国家关系治理及挑战》中指出，中国对世界文明发展做出过重要贡献，但在国际关系上仍不能避免一些负面的评价，这其实反映出"中国文化的吸引力与感召力在建构与传播上仍然存在问题。"作者认为，以利相交，利尽则散，以心相交，才能持之久远。因此要结合中国文化传统，建构起具有吸引力的文化范式。应通过"共同治理、互动治理、重点治理、多维治理和共同安全"等要素入手，打造良好的"一带一路"沿线国家关系。刘洪铎（2016）在《"一带一路"专题文化交融如何影响中国与"一带一路"沿线国家的双边贸易往来——基于 1995—2013 年微观贸易数据的实证检验》一文借助 Hofstede 的国家文化维度指数构建文化交融指标，指出从现实情况来看，"一带一路"版图横贯了亚欧非三大洲，沿线上有四种文明和上百种语言并存，国家（地区）间存在巨大的文化差异是一个不争的事实。越来越多的研究表明，文化差异是影响国际贸易的一个重要决定因素。鉴于此，要推动"一带一路"战略构想从愿景向现实的转化，有必要加强不同文明的交流互鉴，以文化交融为经济交流搭桥铺路，通过推动各国及其背后多元文化的群体性复兴，进而打造政治互信、经济融合、文化包容的利益共同体、命运共同体和责任共同体，在此基础上实现更具包容精神的共同发展。此外，陈思霈（2008）、姜广元（2010）、陶宇坤（2014）、金鑫（2016）、靳风（2016）、恩提扎尔·沙哈提（2016）等的硕士毕业论文分别以哈萨克斯坦、印度、泰国、东南亚等国为案例，从留学生汉语学习动机、中国传统文化的传播、媒体眼中的中国等方面论述了加强对"一带一路"沿线国家的研究的重要意义。

中亚地区各国在"一带一路"发展中占据核心区的重要战略位置，并且拥有丰富的自然资源，在中亚地区的竞争对手会越来越多、越来越强。中国要在激烈的竞争中站稳脚跟，更好地实现国家利益，在中亚民众心中树立一个负责任的大国形象，尤其是今天"一带一路"建设和发展，需要中国通过各种方式，向沿线国家讲好"一带一路"故事，传播好"一带一路"声音，为"一带一路"建设营造良好舆论环境，打造坚实广泛的社会基础至关重要，中国应加强和重视在"一带一路"沿线国家的国家形象塑造。在推进"一带一路"发展战略过程中，首先需要挖掘一些典型区域具有的构建"一带一路"沿线国家的"国家间认同"机制，影响"一带一路"沿线国家之间认同的问题，并在此基础上进一步探讨沿线各国"国家间认同"机制的构建以及推广实施问题。本书稿不但可以间接地了解哈萨克斯坦国民眼中的中国形象，还能充分理解他们的"中国观"的成因。这些都有助于我们改进对外传播，改善哈萨克斯坦公众中的中国形象，营造良好的国际舆论环境，对把握中哈关系的发展前景，提升哈萨克斯坦的中国影响力，加快"一带一路"建设，维护中国西北边疆的稳定和文化安全至关重要。

二、研究设计、研究主要内容

为考察目前"一带一路"沿线国家向西第一站,"丝绸之路经济带"构想提出地—哈萨克斯坦国民眼中的中国形象,我们对现行哈萨克斯坦中学普教历史及地理教科书和主流纸媒中的中国形象进行了初步的分析;对哈萨克斯坦普通国民进行 400 份问卷调查,全面了解哈国不同群体对中国形象的认知;通过 800 份问卷、专家学者访谈,三年跟踪调查哈国国内不同群体及来新疆的哈国留学生群体,全面了解他们对"一带一路"的社会认知及发生的认知变化;通过实地调研,了解哈萨克斯坦孔子学院的汉语及中国文化传播状况。课题组力求通过系统全面的了解,从古丝绸之路到今天的"一带一路",勾画出哈萨克斯坦国民眼中中国形象以及"一带一路"认知的大致轮廓,并分析其成因,考察其政策、对策。全书内容如下:

第一部分是教科书文本研究。教科书作为一个国家意识形态最为稳定而影响深刻的一种独特的文化载体,为我们了解当今哈萨克斯坦国民如何看中国打开了一扇窗。本部分以哈萨克斯坦中学阶段的地理教科书 – 第 9 册《哈萨克斯坦社会经济地理》和第 10 册《世界社会经济地理》以及历史教科书 – 第 9、10 册《哈萨克斯坦历史》为研究范本。历史教科书从历史悠久的文明古国、丝绸之路上的经贸伙伴、交往甚密的重要邻邦、改革开放并快速崛起的社会主义国家等方面记载了丝绸之路两千年来把中国和哈萨克斯坦联系在一起,共同谱写着不同文明间政治、经济、文化、军事的对话、互鉴地融入图景;地理教科书从政治、经济、军事、科技、社会民生、语言文化和资源七个方面的涉华内容展示出该套教科书中涉及中国形象的真实内容。通过对哈萨克斯坦教科书内容的梳理和解读,我们可以看出哈萨克斯坦主流价值观认可的中国形象的基本核心:首先哈萨克斯坦教科书中肯定和认同中国的大国形象、认同中国崛起和期盼中国国际影响力的增强;其次教科书中显示出中哈两国不仅都是具有历史悠久、文化灿烂的文明古国,而且两国的历史资料充分显示出丝绸之路成为两国紧密联系的桥梁;其三教科书中对于中国新疆、西藏的疆域问题、"一国两制"方针认识不清的问题值得关注和重视。这种错误严重影响了中国的主权、国家统一、国家安全、社会稳定形象，尤其是传授给哈萨克斯坦的青少年，会在潜移默化中使他们对中国形象产生不良影响。

第二部分是主流纸媒文本研究。调查中显示新媒介互联网已被哈萨克斯坦国民广泛接受并成为了解中国信息时非常信赖的主要渠道。本部分以报道每日哈萨克斯坦的社会和政治内容为主题的主流纸媒 www. express – k. kz《哈萨克斯坦快报》和 www. kazpravda. kz《哈萨克斯坦真理报》网络版为文本研究对象，文本分析从政治、经济、文化、军事、"丝绸之路经济带"等相关主题展示了中国形象，倾向性分析显示两家主流纸媒的涉华内容正面倾向占 66%、中立占 25%，负面倾向占 9%。中立和负面倾向的主要表现在一部分人受到西方媒体"中国威胁论""妖魔化中国"的渲染鼓吹而损毁中国的形象，其次对中国崛起及"丝绸之路经济带"构想带有疑惑或担心，这些都反映出中国形象在哈萨克斯坦塑造的路径、深度和内容存在不足。

第三部分是问卷调查，是定量研究。课题组于 2013 年分别在哈萨克斯坦南部、中部及西部的阿拉木图、阿斯塔纳、希姆肯特、阿克托别、阿特劳、南部突厥斯坦、巴甫洛达尔等九个城市进行。依据传播学中信息传递和媒介传播的内涵以及以影响国家形象的理论，分别从中国信息来源、中国第一联想、中国国际影响力、中国社会、中国经济、中国产品、中哈关系、中国人、孔子学院等九个方面反映出哈萨克斯坦不同群体眼中的中国形象。结论分析显示一个"充满活力、不断发展、有创新力、规模大、成长迅速、潜力大、文化积淀深厚、历史悠久"等积极向上的"中国崛起""中国影响力""中国传统文化"的正面形象更多地出现在哈萨克斯坦国民心目中，这充分说明随着中哈关系的快速发展，各领域合作的全面推进，两国间纵横交错的公路铁路、油气管道、贸易交往、通信网络、人文交流等互联互通已初具规模，为双方战略合作奠定的坚实基础，创造的良好条件带来的巨大影响。同时，"中国企业会影响和冲击哈萨克斯坦经济""中国产品质量差""中国人不讲究很自负不可信"等负面的中国形象也出现在被访者心目中。首先这和被访者获得中国形象的信息来源主要来自互联网和周围的中国人或哈国人有关，因为互联网上的中国信息鱼龙混杂，有好有坏，更重要的是受西方媒体"中国威胁论""妖魔化中国"的渲染鼓吹而损毁中国的形象，其次周围中国人或哈国人介绍的中国，是没有充分的知识储备用于判断真实性的随口介绍，众口不一、随口而说，道听途说的现象多有存在。这些都反映出中国形象在哈萨克斯坦乃至中亚各国塑造的路径、深度和内容都存在一些明显的不足。

第四部分是专家访谈和问卷调查。三年跟踪考察哈萨克斯坦国民对"一带一路"的社会认知变化。课题组采用俄语版问卷及访谈的形式，通过哈萨克斯坦孔子学院、外派企业和汉语教师，针对哈国政府官员、大学教授、大学生及来中国留学生，从"一带一路"的政策、目标定位及实施途径等方面调研，结果反映出哈萨克斯坦国民心目中"一带一路"的社会认知从三年前的不认同和怀疑到今天要求了解关注并参与的转变是一个积极的变化。表现出中亚各国正在沿袭古丝路重要交流交融站点的作用，也正在焕发文化和经济交流融合的积极参与者作用。同时专家访谈也反映出要加强新疆在"一带一路"核心区建设、加强哈国国民能听懂及看懂语言的有关"一带一路"信息的发布及宣传工作，加强"一带一路"民心相通等方面的工作。

第五部分是实地调研。孔子学院已成为在世界各国展示中国形象和宣传"一带一路"的坚实桥梁与沟通平台。课题组实地调研发现：

哈萨克斯坦的孔子学院通过立足学校，融入本土，努力适应当地民众多层次的汉语需求，不断丰富和完善汉语课程体系；积极组织中国文化讲座、节日庆典、交流比赛、学生夏令营等各类文化活动；面向"一带一路"战略，深入开展学术研究。中亚国家孔子学院围绕"一带一路"战略、当代中国国情等主题，开展了大量的学术研究和研讨活动，收到很好的效果；积极服务当地中资企业等途径，为展示中国形象，服务"一带一路"战略，促进中国与中亚国家友好，发挥了重要的作用。尽管哈萨克斯坦孔子学院有了长足的发展，但是还存在着较多的问题。既有哈国政府对汉语教育持谨慎态度带来的问题，也有本土汉语教师素质参差不齐、汉语教材匮乏的问题，更有孔子学院的定位和如何发挥作用的问题，这些问题都亟待研究和解决。

第六部分为全书总结部分。"国家间认同"是具有积极与消极双重作用的跨国认同。建构积极的"国家间认同"对"一带一路"方略推进与"丝绸之路新区域"治理有着决定性作用。具有中国思想渊源与丰富外交实践的"和合主义"价值范式，为"国家间认同"建构提供了理论指导。"和合主义"所追求的是创造一种体现"类价值"的"国际交往行为"以促进"国际合作",这对开创"国家间认同"新维度,消解"一带一路"沿线国家的认同冲突有着重要意义。面对"丝绸之路新区域"治理的复杂语境,"和合主义"范式蕴含着中国式世界主义的价值,因而以"和合主义"为价值范式,打造利益共同体、责任共同体和命运共同体是"一带一路"沿线国家间认同建构的根本。"一带一路"方略的推进正在构造一个横跨亚欧非的新治理空间,这一由"一带一路"沿线国家构筑的"丝绸之路新区域"具有多重复合性的特点:既是国际的、又是区域的;既是双边的,又是多边的;既是陆上的,又是海上的;既是跨国的,又是跨洲的,还是跨文明的。探索这样一个新区域的治理,"国家间认同"的研究显得尤其重要。

三、研究方法

1. 文本研究法

第一,前人研究回顾。国家形象研究的相关理论,研究方法;中国形象研究成果,中国与中亚、哈萨克斯坦关系发展状况。

第二,教科书研究。分析现行哈萨克斯坦中学普教历史及地理教科书中的中国形象。

第三,媒体研究。分析以报道每日哈萨克斯坦的社会和政治内容为主题的主流纸媒 www. express - k. kz《哈萨克斯坦快报》和 www. kazpravda. kz《哈萨克斯坦真理报》网络版中的中国形象。

2. 田野调查法

第一,确定访谈及问卷调查内容。召开专家咨询会讨论调查提纲。

第二,实施调研。课题组对哈萨克斯坦阿克纠宾师范孔子学院(新疆财经大学开办)、哈萨克斯坦阿斯塔纳欧亚大学孔子学院(西安外国语大学开办)实地调研汉语及中国文化,"一带一路"传播状况。

第三,实施问卷调查。课题组在哈萨克斯坦南部、中部及西部的阿拉木图、阿斯塔纳等城市针对哈国国民眼中的中国形象、"一带一路"社会认知展开调查。

第四,专家访谈。就中国形象、"一带一路"认知分别在哈萨克斯坦阿克纠宾师范、阿拉木图哈中语言学院，哈萨克斯坦阿拜大学，欧亚大学及驻哈中石油等地，访谈 10 名以上专家、学者、教授，中外方企业经理人、普通商人等，形成访谈结论。

四、研究价值

习主席在谈到丝绸之路和丝绸之路经济带时，提到了通使西域的使者张骞，提到了七下西洋的航海家郑和，这些曾经带来和平和经济繁荣的使者，是"一带一路"沿线国家良好的历史记忆。在这种时代背景下，更要注重文化和历史的软力量，积极培育国家间的集体情感，塑造好中国的国家形象，为进一步的经济、文化交流合作打好基础。作为陆上丝绸之路西出国门后的首站，中亚各国对中国国家形象的认知，对"一带一路"战略的认同与响应，将直接影响"一带一路"发展的广度与深度。处理好这种认同和响应的问题，才能在国家间的经济、文化活动中建立起彼此都能认同的模式与规则，进而才能在某种核心认同下为共同的目标而加强合作。

本书稿拟作为一项学术研究成果，既有理论性的探究，也有基于实地调查的数据引证。目前中国学者对于中亚国家教科书、纸媒等方面的中国形象研究还非常缺乏。本研究以"教科书政治学""文本分析"等方法进行的"国家形象研究"和"情感地缘政治学研究"，在中国与中亚区域的研究上具有一定的创新性。对我们分析中亚国家的学校教材、媒体报道、互联网信息、国民眼中的中国形象信息，了解兄弟国家对当代中国和"一带一路"的认知，都具有较高的学术价值和应用价值。

第一章

"一带一路"沿线国家哈萨克斯坦教科书上的中国

第一节　历史教科书展示的中国形象

意识形态是教科书内容不可回避的一个方面，它不但直接影响到教科书的形式，同样对以教科书为中介的社会和教育互动形式有决定性的影响。教科书作为一个国家意识形态最为稳定而影响深刻的一种独特的文化载体，记载了丝绸之路两千年来把中国和丝绸之路沿线国家联系在一起，共同谱写着不同文明间政治、经济、文化、军事的对话、互鉴地融入图景。再次向世界显示经济带沿线国家之间自古以来千丝万缕的联系，显示出中国文化在丝绸之路上的影响是深刻、久远且广泛的。充分体现了中国文化在为中国、中亚乃至欧洲提供着经济、科技、教育、文化、合作交流的平台，不仅促进了沿线国家经贸发展，也为各国民心相通提供了便利。

中国和哈萨克斯坦作为友好邻邦，有着历史的渊源。建交20多年来，两国不断扩大经贸、能源、金融、交通和高科技等重点领域合作，两国关系已提升为战略伙伴关系。今天哈萨克斯坦的国家意识形态对中国形象是如何叙述的？对共同走在丝绸之路上的中哈关系是如何叙述的？我们都需要相互了解。我们注意到：教科书是每个国家向青少年传授知识、培养能力，塑造合格的社会公民的基本的、重要的载体。在世界日益走向全球化的今天，培养学生的国际视野成为各国历史、地理或社会课程基本要求。反映在教科书中，对"他国"的描述或"他国"对本国的描述直接关系到青少年"他国"或"本国"形象的塑造，从而对未来各国人民间的相互理解与交往产生深远影响中国国家形象的塑造和改善是中国国家软实力的重要体现，对维护和实现中国的海外利益非常重要。目前中国在中亚地区具有长期的安全、稳定、经济利益，随着中国国际地位和中哈战略合作伙伴关系的日益提升，中国内容将越来越多地进入到哈萨克斯坦的教科书中，教科书政治学的核心问题是如何争取学生的心灵世界。丝绸之路记载了中国和哈萨克斯坦文化融汇的图景。教科书作为一个国家意识形态最为稳定而影响深刻的一种独特的文化载体，为我们了解当今哈萨克斯坦国民如何看中国打开了一扇窗。

历史教科书是一国主流阶层对历史问题认识的重要载体。哈萨克斯坦的历史知识以何种方式编入教科书，体现了哈萨克斯坦主流世界观和价值观。作为中国的重要邻邦，随着中国国际地位的改变及"丝绸之路经济带"战略构想的提出，中哈战略合作伙伴关系日渐重要。D.朱尔斯《培养民主意识：格林纳达教科书的内容和意识形态（1979—1983）》中指出教科书是教育的核心问题，而教科书在本质上是争夺知识权的政治过程的产物。是谁的知识？知识以什么形式呈现？知识如何被选择？由谁来选择这些知识？通过这些知识要达到什么目的？这些已成为迈克尔·阿普尔、波罗·弗埃尔、亨利·吉鲁、艾拉·苏尔等教育学家研究的中心议题，他们的成果相继指出意识形态是教科书内容不可回避的一个方面，它不但直接影响到教科书的形式，同样对以教科书为中介的社会和教育互动形式有决定性的影响。

本部分以现行哈萨克斯坦中学历史教科书为对象，研究它所刻画的中国形象，观察它如何描述古代中国、近现代中国和当代中国，分析教科书中的中国形象，将对受教育者未来对中国的看法产生重要的影响。本研究不仅有助于我们了解哈萨克斯坦主流价值观认可的中国形象，也可以深刻把握哈萨克斯坦青少年对于中国形象的认知，从而把握中哈关系及丝绸之路经济带复兴的发展未来。

一、《哈萨克斯坦历史》教科书涉华内容概况

（一）《哈萨克斯坦历史》教科书简况

《哈萨克斯坦历史》是哈萨克斯坦中学阶段的历史教科书，内容丰富、图文

并茂、装帧精美,很有可读性。本文选用该套教材的第9、10册。第9册教材是由姆·科济巴耶夫、克·努尔佩伊斯、克·努克谢夫编写,由阿拉木图梅克杰普出版社于2009年出版的普通中学九年级学生用书,涵盖1914年至2008年间的哈萨克斯坦近现代史。第10册教材是由斯·若尔达斯巴耶夫编写,由阿拉木图梅克杰普出版社于2010年出版的普通中学十年级学生用书,主要介绍1868年以前的哈萨克斯坦古代史。该两册教科书都分为文字系统和图片系统。第九册教科书分为三个单元,共十二章四十六节,每一小节中又下设若干小标题,用黑体字标出,在课文内容中穿插节之间的联系用语、注意点、小知识、补充材料、有重要意义的日期、问题和任务、复杂的问题,属于采用主题式体例以单元 – 章 – 节三级标题为基本结构体例;第十册分为八章三十四节,每一小节又下设若干小标题,在课文内容中穿插有自学练习题,属于章 – 节体例。从色彩上来分,图片有彩图和黑白图,九、十两册的彩图数量分别为5幅和7幅,黑白图的数量分别为37幅和42幅;从类型上来分人物图及其他,九、十两册的人物图数量分别为28幅和8幅,其他图的数量分别为14幅和41幅。

(二)《哈萨克斯坦历史》教科书涉华内容概况

本书研究对象中涉及有关中国的词频达到97次,彩图1幅,引用中国的文字材料13处,记载了丝绸之路两千年来把中国和哈萨克斯坦联系在一起,共同谱写着不同文明间政治、经济、文化、军事的对话、互鉴地融入图景。再次向世界显示中哈两国之间自古以来的千丝万缕的联系,可见互相的影响是深刻、久远且广泛的。

二、《哈萨克斯坦历史》教科书中的中国形象

(一)历史悠久的文明古国

从俄语中中国的名称"китай"可以看出辽代对独立前的哈萨克斯坦影响最深。俄罗斯将中国叫"契丹"。契丹族建立的辽代,武力强盛,控制着整个蒙古高原及其周围地区,铁骑所至,所向无敌。而当时刚刚兴起于东欧平原的俄罗斯人,初闻东方唯有契丹,故称中国为"契丹(китай)",并沿用至今。

苏联时期,哈萨克斯坦作为加盟共和国,并没有独立的对外交往的权利,长期处于对内开放、对外封闭的状态。在哈萨克斯坦独立后,随着国家意识的

确立，哈萨克斯坦通过并实施了"文化遗产"计划：出版关于文化的书籍；修复、重建纪念碑；组织人员到外国尤其是中国寻找记录了哈萨克斯坦历史的文字资料。来自中国的文字资料成为哈萨克斯坦文化建设活动的重要资料来源。《哈萨克历史》教科书中肯定了中国古代文明对哈萨克斯坦历史资料收集和撰写的积极影响。

　　在计划实施初期（2004—2006 年），……到俄罗斯、中国、美国、日本、土耳其、埃及、亚美尼亚和西欧的国家，收集了大约 5000 份反映哈萨克斯坦历史的文字材料①。研究哈萨克斯坦最有价值的是古代中国的文字资料。根据中国的考古发现来说明中国商队向西方出发的情况，中国钦察是哈萨克族形成的一部分。在讲到钦察起源时，专门强调，钦察一词在中国史册中出现的时间，及其古汉语发音，在讲到"哈萨克"一词的来源时，专门强调，"ce"或者"сай"用汉语语音是塞人②。

　　在讲到游牧民族的精神文明时，中国被视作在其历史上产生了非常深远的影响。伴随阿拉伯人帮助对抗成功反抗中国而来的是伊斯兰教在哈萨克土地的广泛传播，面对准噶尔和中国两大势力，其双方势力的均衡决定了哈萨克的命运。最终中国军队基本上完全消灭了准噶尔③。

　　在哈萨克斯坦历史教科书中，还有两处有趣的记录。在追溯自己的民族历史时，该书提到，东汉史学家班固在其著作《汉书》中就曾描述过活跃在现哈萨克斯坦地区的游牧民族——"塞人"。

　　中国的史学家班固，在其著作《汉书》中写道：在中亚各民族之间有被希腊－巴克特里亚国击溃的"谢族"和"塞族"④。

　　唐代著名诗人白居易在其长诗《胡旋女》里描述了一位来自现哈萨克斯坦地区的胡旋舞女郎，舞女精湛的技艺让后人神往。这首描写哈萨克斯坦地区舞女的诗歌，也被记录在《哈萨克斯坦历史》一书中。

　　唐代著名诗人白居易在长诗《胡旋女》中记录了来自康居的舞女："胡旋

---

　　① 《哈萨克斯坦历史》初中第九册，阿拉木图梅克杰普出版社，第 217 页。
　　② 《哈萨克斯坦历史》初中第十册，阿拉木图梅克杰普出版社，第 36、57、64、147 页。
　　③ 《哈萨克斯坦历史》初中第十册，阿拉木图梅克杰普出版社，第 36、57、64、147 页。
　　④ 《哈萨克斯坦历史》初中第十册，阿拉木图梅克杰普出版社，第 64 页。

女，胡旋女，心应弦，手应鼓。弦鼓一声双袖举，回雪飘飖转蓬舞。左旋右转不知疲，千匝万周无已时。①"

（二）丝绸之路上的经贸伙伴

西汉张骞凿通西域，丝绸之路成为东西方经济、政治、文化交流的主要通道。通过这条古道，中国的丝绸、瓷器、漆器及织丝、打井、铸铁等技术传到中亚乃至欧洲。丝绸之路横跨亚欧，深处亚欧大陆腹地的中亚地区，曾有南、北等多条线路贯通东西，沿线的城市因而繁荣，在漫长的丝路贸易中获得了较可观的经济收益。此外，中国与西方诸国也在天文、历法、数学、医学、音乐、舞蹈方面进行了广泛的交流。这些在《哈萨克斯坦历史》教科书中给予了高度评价，充分肯定了丝绸之路的历史价值。

伟大的丝绸之路始于黄河流域。据中国史籍记载，丝绸之路从公元前 2 世纪中期开始发展。通过丝绸之路，中国的丝绸被传播到世界各地。在塔尔加尔等中世纪定居点遗址中还发现了用中国瓷器制造的洁具②。

土耳其人在 6 世纪 70 年代设法发挥中国、伊朗、拜占庭的经济和政治影响力来扩大和发展贸易路线。感谢伟大的丝绸之路，突厥语国家神话般地在中国的丝绸贸易中收益③。

因为宫廷及上等社会对丝绸需求的迅速增加，中国的丝绸在国外受到了高度的重视。它是近乎完美的礼物，甚至在贸易中充当货币。历史上，伊朗国王曾收到中国皇帝赠送的装饰着精美刺绣的丝绸服饰作为礼物④。

与中国历史记载不同，在哈萨克斯坦历史教科书中，中国人对于桑、蚕的养殖及丝绸的制作工艺是秘而不宣的。因此有一些敢于铤而走险的中亚人想方设法窃取蚕茧及织丝秘方，并最终在中亚形成了以索格特州为代表的，可以与中国竞争的丝绸生产、贸易基地。

虽然丝绸被传播到世界各地，但是中国人生产它的秘方却被高度保密。然而，也有敢于冒险的人设法窃取它的秘方。蚕茧被放在芦苇、甘蔗和妇女的头

---

① 《哈萨克斯坦历史》初中第十册，阿拉木图梅克杰普出版社，第 138 页。
② 《哈萨克斯坦历史》初中第十册，阿拉木图梅克杰普出版社，第 149—150 页。
③ 《哈萨克斯坦历史》初中第十册，阿拉木图梅克杰普出版社，第 149—150 页。
④ 《哈萨克斯坦历史》初中第十册，阿拉木图梅克杰普出版社，第 151 页。

发从中国带出。于是，丝绸开始在拜占庭和索格特州等地被制作了出来，并在后来的历史中，以很可观的数量增加，并开始与中国竞争①。

哈萨克斯坦及其他中亚国家在中国和西方国家的贸易关系中起着桥梁作用。从18世纪后半期开始，哈萨克斯坦的经济贸易关系开始蓬勃发展，主要的贸易对象是俄罗斯和中国。与俄罗斯相比，哈萨克斯坦更愿意发展与中国的贸易关系。因为，俄罗斯与哈萨克斯坦的贸易带有很强的掠夺性质，而与当时中国的贸易则更利于哈萨克斯坦。这在《哈萨克斯坦历史》教科书中多有体现。

有资料证明，俄罗斯与哈萨克斯坦的贸易带有一定的掠夺性质。例如，俄国人卖给哈萨克人价值2卢布50戈比的大锅，却向哈萨克人索要价值约50卢布的羊毛和动物皮。与这种贸易相比，阿布赉汗国与清朝的贸易则更公平。哈萨克人用10匹马就可以换取30~50捆中国制造的布匹。因此，与清政府的贸易更有利于哈萨克②。

（三）交往甚密的重要邻邦

西汉时期，张骞于公元前138年及119年两度出使西域，虽未达到原定的军事目的，但客观上为后来丝绸之路开辟奠定了基础。《哈萨克斯坦历史》教科书中对张骞出行促进了中国与当时中亚各国间的政治、经济、文化交流，对中国和哈萨克斯坦都是有重要历史意义有很多精彩的评价。

公元前138年—公元前115年间，中国向哈萨克斯坦及其他中亚国家派出了第一批大使③。

唐玄宗天宝十载（公元751年），唐军队曾在现哈萨克斯坦塔拉兹附近与阿拔斯王朝有过一场激战，即怛罗斯战役。这场由于唐朝名将高仙芝的不当处置而引发的东西方大战最终以唐的失败告终。接踵而至的安史之乱等事件，使唐朝政权不得不将主要精力用来平定内乱，最终退出对中亚霸权的争夺。战后，被阿拔斯王朝掳去的中国俘虏中有不少造纸工人，于是阿拉伯人在撒马尔罕地区开始设立造纸厂，用中国的造纸术造纸。中国在这场战役中，虽未获得军事

① 《哈萨克斯坦历史》初中第十册，阿拉木图梅克杰普出版社，第55页。
② 《哈萨克斯坦历史》初中第十册，阿拉木图梅克杰普出版社，第152页。
③ 《哈萨克斯坦历史》初中第十册，阿拉木图梅克杰普出版社，大事年表。

上的胜利，但也客观促进了中国造纸术在中西亚及欧洲的流传，对文明的传播和进步，起了非常重要的作用。

与中国史学家观点不同，哈萨克斯坦历史教科书认为，这场战争的最大影响，是中国战败退出后，阿拉伯政权在中亚地区的扩张及伊斯兰教在哈萨克斯坦地区的渗透。

伊斯兰教在南哈萨克斯坦渗透的主要原因，是公元751年中国在塔拉兹市附近与阿拔斯王朝间发生的战争①。

1991年底，在哈萨克斯坦宣布独立后，中国是第一批承认其国际地位的国家之一，这奠定了中哈两国友好合作的基础。俄罗斯与中国是哈萨克斯坦最大的两个邻国，从空间战略角度考虑，哈萨克斯坦不得不重视同中国的关系。因此，在哈萨克斯坦的外交策略中，中国位居第二，仅次于俄罗斯。中国签订的一系列条约，为两国关系的深入发展提供了可能。这一点在教科书中有详细描述。

在1991年结束前的两周内，哈萨克斯坦的独立被18个国家所承认，他们中的第一批是：土耳其、美国、中国、德国、巴基斯坦。哈萨克斯坦尤其重视同俄罗斯和中国的关系。在与两个超大邻国的关系中，哈萨克斯坦严格遵守国际法的准则。哈萨克斯坦拥有重要的空间战略——横跨欧洲和亚太地区。因此，进入新世纪后，与俄罗斯和中国的友好合作很重要。哈萨克斯坦和中国之间大约有50套不同的合同和协议，这为实现两国高水平政治合作提供可能②。

2001年6月，上海合作组织在中国上海成立。该组织在促进成员国间睦邻友好关系、巩固地区安全稳定、促进联合发展等方面发挥着积极作用。《哈萨克斯坦历史》教科书附有一幅彩图③。这幅图源自上海合作组织宣言成立时，"上海五国"机制的五国代表合影，江泽民居于中间。从中不难看出，哈国历史教科书中上合组织的重要地位及作用，也充分体现对哈萨克斯坦参与到上海合作组织的工作中，在其外交策略中占有重要地位，该组织成员国的团结及所实行

---

① 《哈萨克斯坦历史》初中第十册，阿拉木图梅克杰普出版社，第143页。
② 《哈萨克斯坦历史》初中第九册，阿拉木图梅克杰普出版社，第205—206页。
③ 《哈萨克斯坦历史》初中第九册，阿拉木图梅克杰普出版社，第208页。

的政策对他们本身乃至全世界都有重要意义有重要描述。

1996年，在上海的第一次会晤中，参与国讨论了共同国境线和军事信任问题。在阿拉木图的上合组织的首脑会晤的过程中，确定了主要关系方向并且讨论了有关互利的经济贸易关系的问题。1999年8月24日—25日，五国首脑在比什凯克讨论了在上海、莫斯科、阿拉木图达成的有关区域问题和安全的协议的进程、签署了比什凯克宣言。2001年上海合作组织正式成立。该组织成员国的所有领土占欧洲面积的3/5，而人口占全世界人口总数的1/4。他们的团结及所实行的共同的政策不仅对这些国家的人民，而且对全世界的人民都有重要的意义。参与上海合作组织，在哈萨克斯坦的外交政策中占有重要地位①。

（四）改革开放并快速崛起的社会主义国家

中国走上了改革开放，发展中国特色社会主义，实现中华民族伟大复兴的道路。而《哈萨克斯坦历史》一书认为中国的改革开放满足了超过10亿人的需求，促进了经济的发展，同时还完整地保留了共产党的国家领导力。这是卓有成效的创新之举。

到了70年代末，中国开始了经济改革。后来，这些措施不仅为满足超过10亿人口的需求提供了可能性，同时也提高了整个经济的发展水平。中国的经济改革还有一个特点，即完整地保存了共产党在国家的权利②。

三、结论与思考

教科书研究在20世纪以来的国际问题研究学界相当活跃。学者们从一国广泛使用的教科书出发，研究该国国民对他国总体印象的形成。哈萨克斯坦全民普教中学教科书《哈萨克斯坦历史》中的涉华内容，为我们描绘出了哈萨克斯坦历史教科书中的中国形象。教科书是一种独特的文化载体，该历史教科书涉及问题对哈国历史知识传播、文明传承、国民意识乃至世界观的形成影响深远，尤其是教科书中涉及的中国形象的内容，将融入受教育者的心中，并影响其对中国历史、今天中国的看法。这种影响是基于认知心理学上的"相符性"。相符

---

① 《哈萨克斯坦历史》初中第九册，阿拉木图梅克杰普出版社，第207—208页。
② 《哈萨克斯坦历史》初中第九册，阿拉木图梅克杰普出版社，第126页。

性可以很大程度上被理解为一种强烈的认知去向，即人们趋于看见他们预期看见的事物，趋于将接受的信息归入自己原有的认识框架中去。符合框架的新信息将被欣然地、快速地、准确地纳入到原有的认识框架之中；相反，人们会忽视与原有认识框架不吻合的信息，扭曲这些信息使之符合原有认识框架，有时甚至还会否认这些信息的可信性。中学教科书是一个人最早系统地接受国际问题的媒介，如同画布上的第一抹颜色，会在中学生的脑海中形成鲜明的印记，形成认识的基本框架，影响其一生的认知体系。通过对哈萨克斯坦中学历史教科书内容的梳理和解读，我们可以看出哈萨克斯坦主流价值观认可的中国形象的基本核心。

第一，中哈两国不仅都是具有历史悠久、文化灿烂的文明古国，而且两国的历史资料充分显示出丝绸之路成为两国紧密联系的桥梁。一方面，在中国的历史、文学典籍中，保留着大量与哈萨克斯坦有关的生动的文字资料，这些资料除证实两国长久的双边贸易、文化、经济交流关系外，也为独立后的哈萨克斯坦的国家文化建设活动，提供了宝贵的数据资料支撑，另一方面，哈萨克斯坦历史教科书涉华内容也充分佐证了这一事实。

第二，中国与哈萨克斯坦从公元前2世纪开始，不管是短暂的交战还是长期的政治、经贸合作，双方之间各类双边交往就没有停止过。古代丝绸之路是中国通过西域向西方延伸的一个多边交流的商道，拥有很高的政治、经济及文化价值，从古至今，丝绸之路都在为中国、中亚乃至欧洲提供着经济、文化、贸易、科技、教育合作交流平台。这条古道促进了沿线国家经贸发展，也为人文交流以及多元文化传播提供了很多便利之处。

第三，中国的各类技术发明、商业贸易不断传播到哈萨克斯坦，而哈萨克斯坦的文学、艺术、音乐等精神文化财富，也间接地影响着中国。两千多年的交往历史证明，只要坚持平等互信、团结互赏、包容互鉴、共创共赢，不同民族、不同信仰、不同文化背景的国家完全可以共享和平和谐，共同发展创新，这是古丝绸之路留给我们的宝贵启示。

今天"丝绸之路经济带"上不同文明、文化间的对话和互赏，是发展战略思维、战略理念的相互交流沟通，是对共同战略发展利益认知的共同强化。在构建"丝绸之路经济带"的战略发展目标时，学者应深入挖掘古代丝绸之路的历史价值和意义，将平等互赏、互利合作的古老历史价值观重现于 21 世纪亚欧大陆发展战略空间，形成互利共赢和共享发展成果的新合作模式。上海合作组织的成立，为今天中国与哈萨克斯坦间的合作提供了良好的契机。2013 年，习近平主席提出的"丝绸之路经济带"战略构想，促进了中哈两国间更为深入全面的交流合作。在这样的大背景下，我们亟须了解哈萨克斯坦等古丝绸之路上的国家对其自身现代色彩和发展理念的认识；作为具有地缘优势的兄弟国家，中哈两国能否再现丝路文明的兴盛；在中哈全面战略伙伴关系快速发展的重要节点，两国能否协力共建合作道路。

构建丝绸之路经济带的过程中，在中亚地区如何正确、有效地塑造中国的国家形象，需进一步探索言语行为主体间的互动模式，拓展中国对外宣传的媒介、途径。在重要事件发生之时，一定要在第一时间表明态度，充分利用各类语言教学平台、电媒、纸媒和网媒，将真实的中国态度、中国形象及时、准确地传递到兄弟国家的受众耳中。[6]

随着全球多元化、中国与"一带一路"沿线国家的合作交流进一步加深，中哈两国的国情、两国之间的各种交流、合作格局都发生了巨大变化，而历史教科书中信息、观点的更新速度却是相对滞后的。我们应加强两国青年之间的交流、合作，拓宽文化信息传递的范围和途径，让中哈两国未来社会发展的中坚力量，能从书本中走出来，通过互联网、纸质媒体，甚至通过面对面的交流来认识对方的真实国情和现代文明。我们无法左右哈萨克斯坦历史教科书中的内容，但我们可以借助孔子学院、孔子课堂及汉语中心等语言教学平台，借由汉语教师和汉语志愿者传播好今天的中国声音，讲述好今天的中国故事，有效、全面、客观、真实地构建好"丝绸之路经济带"中的国家形象。

此外，我们也要深入分析中亚国家的学校教材、媒体报道、互联网信息中的中国形象信息，了解兄弟国家对现代中国和"丝绸之路经济带"战略构想的态度，从而更好地把握共同建设发展"丝绸之路经济带"的历史价值和潜在意义。

第二节　地理教科书展示的中国形象

一、《哈萨克斯坦地理》教科书简况

本研究选用第 9 册《哈萨克斯坦社会经济地理》和第 10 册《世界社会经济地理》是哈萨克斯坦中学阶段的地理教科书，该套书内容丰富、图文并茂、装帧精美，很有可读性。《哈萨克斯坦社会经济地理》是通过哈萨克斯坦教育科技部批准，由阿拉木图 Мектеп 出版社 2009 年出版的普通中学 9 年级学生用书，全书分为哈萨克斯坦经济地理概况、哈萨克斯坦地理经济地区、当今世界的哈萨克斯坦 3 部分。该教科书的学习目的指出了解经济地理知识，合理利用自然资源的原则，寻找现代生态问题的最佳解决办法，提高日常生活中知识的使用能力。《世界社会经济地理》是通过哈萨克斯坦共和国教育科技部批准，由阿拉木图 Мектеп 出版社 2010 年出版的普通中学 10 年级学生用书，全书分为世界的一般特征、世界上的全球性问题 2 大部分。该教科书的学习目的指出研究人类以地域为标志的融合的规律，提出在教学和学习的过程中应该直接把政治、经济、社会的研究方法相互结合使用。

二、哈萨克斯坦斯地理教科书中的中国形象

本研究从政治、经济、军事、科技、社会民生、语言文化和资源七个方面对哈萨克斯坦地理教科书中的涉华内容进行了梳理。

（一）政治形象

哈萨克斯坦地理教科书中的涉华内容从国家政治制度、国家认同、位于发展中国家及与中亚之间的地缘政治关系等方面进行了描述，总体内容较为客观，但也存在不可忽视的错误。

1. 政治制度

该教科书写到："原始公社社会和奴隶社会是远古时期的主要社会制度，世界上第一批国家建制的形成是以埃及，古中国，波斯，腓尼基，亚述，古希腊，

罗马等的分裂为标志。上述这些国家为世界文明的发展做出了巨大贡献。"（Древний период（до V в. Н. э.）охватывает конец первобытнообщинного строя и рабовладельческое общество. Самые первые государственные образования на планете характеризуются распадом Египта, Древнего Китая, Персидского царства, Финикии, Ассирии, Древней Греции, Римской империиидр. Названные государства внесли огромный вклад в развитие мировой цивилизации.）① 此段文字说明哈萨克斯坦承认中国是世界上最早形成独立建制的国家之一，肯定了中国在世界地理历史上的地位，说明古中国的建立对世界文明的发展起着积极的推动作用，有重大的贡献。由此可见，此时的中国在哈萨克斯坦地理学者的眼中是强大的，对于世界有重大贡献。"新时代，伴随着资本主义的发展壮大和伟大的地理发现，让资本主义国家开始了向外扩展侵略；它们使许多大陆的土地变为了自己的殖民地，同时也让发展较为落后的国家（波斯、中国、泰国等）成为了半殖民地。"（В результате не только огромные территории земного шара стали их колонями, а также территории отдельных слаборазвитых государств（Персия, Китай, Сиамидр.）были разделены на сферы их влияния и фактически превращены в полуколонии.）② 此段文字说明西方工业化革命时期的中国是以较为落后的形象出现在世界的面前。所以，此时在哈国地理教科书中的形象也不复以往伟大。这说明对当时中国国情不了解，中国是农业大国，当时农业生产经过时间及实践的积淀，已经处于世界的领先阶段，并且国家地大物博，物产丰富。因此，尽管是处于封建制度中，中国的农业经济也处于世界的领先地位。

在列举世界上的社会主义国家时，哈萨克斯坦地理教科书遵照世界各国在社会政治体制进行划分的规则，较为客观公正的表明中国是社会主义政治制度，并且在经历过破坏，社会主义制度几近崩溃的情况下，中国依旧保持着社会主义制度不动摇："尽管社会主义在一些国家受到了破坏，如中国、越南、老挝、朝鲜和古巴，但他们依旧保持着过去的统治形式——社会主义共和国形式。"

---

① 《世界社会经济地理》初中第十册，阿拉木图 Мектеп 出版社，2010，第 5 页。
② 《世界社会经济地理》初中第十册，阿拉木图 Мектеп 出版社，2010，第 6 页。

（Несмотря на крушерие социалистической системы, в ряде таких стран, как КНР, Вьетнам, Лаос, Северная Корея и Куба, сохранилась прежняя форма правления страной – социалистическая республика.）① "由于独联体和东欧以及在亚洲和世界其他地区发生的激进的政治和社会经济的变化，"社会主义"阵营失去了往日的势头，但还是有以下几个国家坚持社会主义路线：中华人民共和国，越南社会主义共和国，朝鲜民主主义人民共和国，老挝人民民主共和国和古巴共和国。" （В связи с коренными политическими и социально - экономическими изменениями, происшедшими в странах СНГ и Восточной Европы, а также в Азии и других частях света, типология "социалистическая система" утратила своебылое значение, однако всё еще существуют государства, придерживающиеся социалистической ориентации: Китайская Народная Республика, Социалистическая Республика Вьетнам, Корейская Народно - Демократическая Республика, Лаоси Республика Куба.）②

2. 国家形象

有关香港、澳门，该教科书写到：

"香港和澳门的命运一直到上世纪末才确定了下来，按照"两个国家，两种制度"的方针他们成为了中国的一部分，对于台湾，中国政府也建议采取这种方针去解决。"（Судьбы Сянгана（Гонконг）и Аомыня（Макао）были решены лишь в конце прошлого века. По приципу "два государства——две системы" он и вошли в состав КНР. И Тайваню правительство Китая рекомендует существовать на основе выше названного принципа.）③此段关于"两个国家，两种制度"的说法是错误的，应是"一国两制"的方针。这说明哈萨克斯坦对中国"一国两制"的核心内涵不理解或根本不了解。

"联合国根据中国特殊的社会政治制度和生产关系将他划分为发展中国家。其原因是，虽然中国经济发展呈现高指标和高速度的特点，但其与发达国家相

---

① 《世界社会经济地理》初中第十册，阿拉木图 Мектеп 出版社，2010，第11页。
② 《世界社会经济地理》初中第十册，阿拉木图 Мектеп 出版社，2010，第16页
③ 《世界社会经济地理》初中第十册，阿拉木图 Мектеп 出版社，2010，第9页

比，人均生产总值还是较低（6000 美元）。尽管如此，中国经济高水平高指标的发展势头，无论是在世界政治还是在世界经济领域，都发挥了重要的作用。"（Китай с присущими только ему особенностями в общественно – Политическом строе и производственных отношениях ООН также причислила к ряду развивающихся стран. Это объясняется тем，что，несмотря на высокие показатели и темпы развития экономики，в Китае по сравнению с развитыми странами производство ВВП на душу населения низкое（6000долларов）. Вместе с тем его экономика отличается высокими показателями уровня развития и играет значительную роль не только в мировой политике，но и мировом хозяйстве.）① "发展中的中国和印度是人口众多的国家，有巨大的劳动力潜力以及储量可观的多元化自然资源"（К развивающимся относятся КНР и Индия，страны с большой численностью населения，имеющие огромный трудовой потенциал，разнообразный и значительные природные ресурсы.）②此段话表明哈萨克斯坦国家意识形态对今天中国综合国力崛起的充分肯定和对明天中国国际影响力的认同和期盼。

3. 上海合作组织与地缘政治

教科书写到："哈萨克斯坦、中国、乌兹别克斯坦、俄罗斯、塔吉克，以上相接壤的国家都加入了上海合作组织。该组织致力于军事互信，反对恐怖主义、分裂主义和极端主义，促进经贸合作。上海合作组织认为，军队的信心在该地区，打击恐怖主义、分裂主义和极端主义、经济和贸易关系的斗争。"（Приграничные государства——Республика Казахстан，КНР，Российская Федерация，Республика Таджикистан и Республика Узбекистан——входят в Шанхайскую организацию содружества（ШОС）. ШОС рассматривает вопросы военного доверия в регионе，борьбы с терроризмом，сепаратизмом и экстремизмом，торгово – экономических связей.）③ 2001 年 6 月，上海合作组

① 《世界社会经济地理》初中第十册，阿拉木图 Мектеп 出版社，2010，第 22 页
② 《世界社会经济地理》初中第十册，阿拉木图 Мектеп 出版社，2010，第 17 页
③ 《哈萨克斯坦社会经济地理》初中第九册，阿拉木图 Мектеп 出版社，2009，第 169 页

织在中国上海成立。此段话表明该组织在促进成员国间睦邻友好关系、巩固地区安全稳定、促进联合发展等方面发挥着积极作用。

（二）经济形象

中国在哈萨克斯坦的影响不断扩大的主要原因在于经济。中哈建交以来，双方之间的经贸合作领域不断扩大，从最初进行简单的易货贸易发展到现在的全方位经济合作，特别是在交通、能源等领域，中国对哈萨克斯坦的经济影响越来越大。随着习近平主席共建"丝绸之路经济带"的提出，中哈之间的合作关系也将更加密切加深。

1. 交通

中亚国家地处亚欧大陆腹地，是连接亚洲和欧洲、太平洋和大西洋陆路交通的要冲，也是古"丝绸之路"的必经之地，战略地位十分重要。中国与中亚国家相邻，与其有几千公里的边境线，新疆维吾尔自治区的哈萨克、柯尔克孜、塔吉克等民族与中亚国家的主体民族交往密切，因此，无论从国家关系还是经贸合作的角度看，中国与中亚国家的交通合作都是值得高度重视的问题。

哈萨克斯坦全国共有 4 条过境铁路干线，其中有三条都与中国相通（亚洲大陆桥、欧亚大陆桥和中亚铁路），而另外一条西部铁路适用于水陆联运，通往阿克套海港，是用于满足该国最大石油加工基地的运输要求，在教科书中也有所介绍："阿克套是哈萨克斯坦最大的海港口，这个港口每年进出口量达 150 万（液态物和固态物的运输），阿克套港口实现了由俄罗斯到中国，到东南亚，再到伊朗的运输。"（Крупнейшим морским портом Казахстана является Актау. Ежегодно через этот порт транспортируется 1，5млн. т. сухих и 8 млн. т. жидких грузов. Через Актауский порт осуществляется перевозка транзитных грузов из России в Китай, Юго－Восточную Азию, Иран.）[①]；"铁路运输在南哈萨克斯坦的经济中起着重要作用，最长的铁路线是：阿拉木图－乌鲁木齐，奥伦堡－塔什干，希姆肯特－阿拉木图。上述铁路干线保障了国内和国际间运输沟通。"（В экономике Южного Казахстана огромную роль играет железнодорожный транспорт. Крупнейшие железнодорожные магистрали

---

① 《哈萨克斯坦社会经济地理》初中第九册，阿拉木图 Мектеп 出版社，2009，第 105 页

Алматы – Урумчи, Оренбург – Ташкент, Шымкент – Алматы обеспечивают внутри республиканские и международные сообщения.)① 由此可见，铁路运输在哈萨克斯坦非常重要，而其主要的铁路运输干线几乎都与中国有关，哈萨克斯坦的交通运输往来与中国密切相关且作用很大。

除此之外，中哈两国还就公路、航空以及运输管道展开了合作。教科书写到："在2004年开始了由阿塔苏（卡拉干达中的油藏地区）到阿拉山口（中国西部）的石油运输管道，该管道于2006年竣工，现通过该管道向中国运输石油。"（В 2004г. началось строительство трубопровода Атасу（нефтеналивной резервуар в Карагандинской области）– Алашанькоу（Западный Китай），которое завершилось в 2006г. Сейчас по этому трубопроводу в Китай перекачивается нефть.)② 这是中国第一条跨国管道。近年来，中国 – 中亚天然气管道、中哈原油管道等大型双多边能源合作项目也相继建成并投入运营。通过中哈之间的交通运输往来，两国之间的贸易范围不断扩大，同时也为哈萨克斯坦公民提供更多的工作岗位，赢得当地居民的好感。

2. 能源

教科书写到："Каражыра 矿区的储量完全能够满足东哈地区对煤炭的需求，目前对 Каражыра 的开采除了保证自己国家局部地区的使用，更多的是对中国数量可观的出口。"（Месторождение Каражыра должно полностию обеспечивать потребности Восточно – Казахстанской области в угле. Идет добыча угля на Кендирлик добывается уголь в целях обеспечения своей местности и значительная часть экспортируется в Китай.)③ "石油化工的前景是巨大的，正在改建的阿特劳工厂将被扩建，同样也计划出产苯。在深加工方面也将会涉及到苯乙烯和聚苯乙烯，对这种材料的需求主要来自于亚洲，这其中中国的需求是巨大的。"（Перспективы нефтехими огромны. Реконструированный Атырауский завод будет расширен, и планируется выпуск

① 《哈萨克斯坦社会经济地理》初中第九册，阿拉木图 Мектеп 出版社，2009，第155页
② 《哈萨克斯坦社会经济地理》初中第九册，阿拉木图 Мектеп 出版社，2009，第105页
③ 《哈萨克斯坦社会经济地理》初中第九册，阿拉木图 Мектеп 出版社，2009，第35页

бензола. Придальнейшей переработке будут получены стирол и полистирол. Спрос на эти материалы, особенно в Азии, в том числе Китае, очень велик.)①
从上可以看出，哈萨克斯坦已经意识到中国给他们带来的巨大的经济利益和发展机遇。同时也从侧面反映出中国经济发展迅速，综合实力增强，国际影响力加速提升。这表明中国在哈萨克斯坦树立了经济大国的形象，写入教科书中也将会对哈萨克斯坦公民产生潜移默化的影响。

3. 国际经济地位

中国建国 60 多年以来，经济社会发生巨大的变化，国际地位逐步提升。哈萨克斯坦经济地理教科书中也通过中国在全球经济中的一些表现对中国进行了表述："处于纺织品产量第一的地位的是中国和印度，其次是美国，日本和意大利。"（ По выпуску продукции из тканей первые места занимают Китай и Индия, за ними следуют США, Япония и Италия.)②；"世界生产机床的第一名是日本，其次是中国和德国。"（ Первое место в мире по выпуску станков занимает Япония, за тем следуют Китай и Германия.)③；"世界商船队的领袖国家：利比里亚、巴拿马、日本、美国、希腊、塞浦路斯、中国。"（ Страны - лидеры мирового торгового флота: Либерия, Панама, Япония, Греция, США, Кипр, Китай.)④；"世界上最大的港口（按货物）是新加坡、鹿特丹（荷兰）、上海（中国）、名古屋、横滨、千叶市、神户（日本）等。"（ К крупнейшим мировым портам (по грузообороту) относятся Сингапур, Роттердам (Нидерланды), Шанхай (Китай), Нагоя, Йокохама, Тиба, Кобе (Япония) и др. ⑤)

从上可以了解到，哈萨克斯坦地理教科书中的中国经济状况。中国和印度是纺织品输出的大国，以及生产机床也是世界排名靠前的，同时中国也是世界商船队的领袖国家之一，拥有世界上最大的港口，从侧面体现出，中国从古至

---

① 《哈萨克斯坦社会经济地理》初中第九册，阿拉木图 Мектеп 出版社，2009，第 64 页
② 《世界社会经济地理》初中第十册，阿拉木图 Мектеп 出版社，2010，第 112 页
③ 《世界社会经济地理》初中第十册，阿拉木图 Мектеп 出版社，2010，第 110 页
④ 《世界社会经济地理》初中第十册，阿拉木图 Мектеп 出版社，2010，第 120 页
⑤ 《世界社会经济地理》初中第十册，阿拉木图 Мектеп 出版社，2010，第 120 页

今都是一个强大的国家，虽然经历了一些波折，但依旧保持着大国的风范。

除了工业上的发展之外，农业经济也在不断的发展中："近年来，增加替代作物的生产：茶叶（中国）、咖啡（埃塞俄比亚）、可可（墨西哥）。"（В последние годы увеличилось производство тонизирующих культур: чай（Китай）, кофе（Эфиопия）, какао（Мексика）.①；"肉羊养殖主要集中在热带和亚热带地区的干旱和半干旱地区。现在世界上有 12 亿绵羊和山羊。肉类和羊毛是羊的主要产品。它在英国、西班牙、土耳其、中国和中亚国家非常发达。"（Овцеводство концентрируется в основном в пустынных и полупустынных зонах, тропических и субтропических регионах. Сейчас в мире насчитывается 1, 2млрд овецикоз. Основная продукция овцеводства – мясо и шерсть. Оно хорошо развито в Великобритании, Испании, Турции, Китае и странах Центральной Азии.）② 此文表明，哈萨克斯坦对于中国成为世界经济大国的肯定和认识。

同时，教科书还写到："美国及西欧国家还有土耳其、伊朗、巴基斯坦、日本和中国都被认定为对当今哈萨克斯坦有巨大利益的国家。"Наряду с США и странами Западной Европы на сегодняшний день Турция, Иран, Пакистан, Япония и Китай проявляют огромный интерес к Казахстану.）③ "现如今哈国最大的贸易伙伴有：英国、德国、美国、中国、瑞典、韩国。"（В настоящее время крупными торговым партнерам и Казахстана являются также страны, как Англия, Германия, США, Китай, Швейцария , Южная Корея.）④ "哈萨克斯坦与一些亚洲国家来往有重大的意义。这些国家是与哈萨克斯坦国缔结了较为紧密的经济和科技联系的：日本、韩国、中国、印度、以色列、印尼及其他国家。"（Республика Казахстан придает большое значение экономическим взаимоотношениям со странами Азии. В азиатском направлении установлены тесные экономические, научно – технические взаимоотношения с Японией,

---

① 《世界社会经济地理》初中第十册，阿拉木图 Мектеп 出版社，2010，第 117 页
② 《世界社会经济地理》初中第十册，阿拉木图 Мектеп 出版社，2010，第 118 页
③ 《哈萨克斯坦社会经济地理》初中第九册，阿拉木图 Мектеп 出版社，2009，第 8 页
④ 《哈萨克斯坦社会经济地理》初中第九册，阿拉木图 Мектеп 出版社，2009，第 164 页

Южной Кореей, Китаем, Индией, Израилем, Индонезей и другими странами.)①。这些内容说明，中哈经贸合作的密切关系，中国是哈萨克斯坦最大的贸易伙伴之一等正面积极的形象，显示出哈萨克斯坦国家意识形态中进一步促进中哈两国之间的经济贸易往来的发展趋势。

（三）社会民生形象

在哈萨克斯坦地理教科书中，有许多关于中国人口、环境的描写。

1. 人口特征及政策

教科书写到："在丹麦的居民点共有 200 个居民点，在法国有 2000 个，美国 2500 个，而俄罗斯和哈萨克斯坦有 12000 个，而在中国则超过 1 万个。"（В Дании городом считается населенный пункт, имеющий 200 жителей, во Фрации－2тыс., в США－2, 5тыс. в России и Казахстане－12тыс. А в Китае－более 10 тыс.)②"同时，在中国和印度发展迅速，结束了饥饿的威胁，大大降低患有营养不良的人的数目。"（В то же время в Китае и Индии оно бурно развивалось, полож и в конец угрозе голода и существенно сокращая количество людей, страдающих от недоедания.)③"百万人口城市中第一名是中国（将近 100 个），然后是印度（37），巴西（14），日本（12），俄罗斯（11），印度尼西亚和墨西哥（刚好 10 个）。"（Ныне по числу городов－миллионеров первое место занимает Китай（около100），затем Индия（37），Бразилия（14），Япония（12），Россия（11），Индонезия и Мексика（по10).)④ 以上内容说明，哈萨克斯坦公民心中的地大物博，人口众多的中国形象。

有关男女人口比例及中国的计划生育，教科书写道："男性人口过多的国家有中国（超过 3000 万）、印度（2500 万）、巴基斯坦（将近 500 万人）、孟加拉国等。"（Количественно наиболее высок перевес мужчин в Китае（более 30млн.），Индии（на 25млн.），Пакистане（около 5млн. человек），

---

① 《哈萨克斯坦社会经济地理》初中第九册，阿拉木图 Мектеп 出版社，2009，第 166 页
② 《世界社会经济地理》初中第十册，阿拉木图 Мектеп 出版社，2010，第 55 页
③ 《世界社会经济地理》初中第十册，阿拉木图 Мектеп 出版社，2010，第 140 页
④ 《世界社会经济地理》初中第十册，阿拉木图 Мектеп 出版社，2010，第 55 页

Бангладеше и т. д.)①；"国际人口会议最近在法国图尔市举行，据报道，在2015－2030年这个时期，中国的男性人数要超过女性人数2500万。"（На Международном демографическом конгрессе， проходившем недавно во французском городе Туре， было сообщено， что в период 2015 － 2030 гг. количество мужчин в КНР превысит количество женщинна 25млн.)②；"从20世纪后半叶开始实施的人口政策对世界人口数量发展有着非常显著的影响。实施该人口政策的国家是为了计划生育。在许多发展中国家的人口呈持续不断增长状态，需要根据这个政策来限制生育。……这个政策在中国、印度和其他发展中国家得到深入贯彻。"（Большое влияние на демографические процессы в мире оказывает демографическая политика， проводимая со второй половины XXв. Это система мер， которая принимается государством для упорядочения рождаемости. Во многих развивающихся странах из － за резкого увеличения численности населения такие меры направлены на ограничение рождаемости. …… Такая политика интенсивно проводится в Китае， Индиии других развивающихся странах.)③ 资料表明，哈萨克斯坦正确认识到中国是发展中国家，且人口基数的巨大，人口普查及计划生育政策在中国得到了深入的展开，并且认识到中国计划生育政策的本质："例如，中国人口政策战略的本质——一个家庭－一个孩子。"（Например， суть стратегической демографической политики Китай － каждой семье － одного ребенка.)④ 这个观点符合中国社会的国情及现实，与中国的人口政策相符合。

2. 环境

哈萨克斯坦地理教科书对世界各国的保护区面积进行了统计。"在1494年美国的保护区，所占国家面积超过11％。在澳大利亚，这个数字是—892，它们占据了全国的12. 2％，在加拿大—640（8. 3％），德国—504（25. 7％），中国—463（6. 1％），印度——374（4. 5％），委内瑞拉—注册超过100（28.

---

① 《世界社会经济地理》初中第十册，阿拉木图 Мектеп 出版社，2010，第43页
② 《世界社会经济地理》初中第十册，阿拉木图 Мектеп 出版社，2010，第58页
③ 《世界社会经济地理》初中第十册，阿拉木图 Мектеп 出版社，2010，第58页
④ 《世界社会经济地理》初中第十册，阿拉木图 Мектеп 出版社，2010，第136页

9%)。"（В США 1494г. охраняемые природные территории, они занимают более 11% территории страны. В Австралии их число – 892, и они занимают 12, 2% территории страны, в канаде – 640（8, 3%）, в Германии – 504（25, 7%）, в Китае – 463（6, 1%）, в Индии – 374（4, 5%）, в Венесуэле – более100（28, 9%）.）① 这段资料从侧面表现出中国虽然是国土面积大国，但是人均可利用环境面积较少。

（四）军事

有关中国军事，教科书写到："加入俱乐部的国家（在第一年就进行核试验）美国（在 1945 年），俄罗斯（最初的苏联，1949 年），大不列颠（1952年），法国（1960 年），中国（1964 年），印度（1994 年），巴基斯坦（1998年）和朝鲜（声明关于建立核武器在 2005 年中期提出，第一次测试在 2006 年10 月进行。"（В клуб входят（по году первого ядерного испытания）США（с1945г.）；Россия（изначально Советский Союз, 1949г.）；Великобритания（1952г.）；Франция（1960г.）；Китай（1964г.）；Индия（1994г.）；Пакистан（1998г.）и КНДР（заявление о создании ядерного оружия сделано в середине 2005г., первое испытание проведено в октябре 2006г.）②；"其结果是，在二十世纪后期，印度和巴基斯坦成为了核大国，并且还有其他五个国家（美国、俄国、法国、英国、中国），他们是"核俱乐部"的成员。"（В результате в конце XXв. Индия и Пакистан стали ядерными державами, и теперь наряду с 5 странами（США, Россия, Франция, Вликобритания, Китай）они являются членами «ядерного круба»）③；"我们有五个邻国，包括共和国边界相邻的俄罗斯和中国是最大核武器和航天大国。"（Наша республика граничит с пятью соседними государствами, среди которых Россия и Китай являются крупнейшими ядерными и космическими державами.）④ 以上内容说明，在哈萨克斯坦的国民教育中，中国是核大国，是哈萨克斯坦邻国中最大（核大国）

---

① 《世界社会经济地理》初中第十册，阿拉木图 Мектеп 出版社，2010，第 73 页
② 《世界社会经济地理》初中第十册，阿拉木图 Мектеп 出版社，2010，第 36 页
③ 《世界社会经济地理》初中第十册，阿拉木图 Мектеп 出版社，2010，第 10 页
④ 《世界社会经济地理》初中第十册，阿拉木图 Мектеп 出版社，2010，第 25 页

核武器国家之一的军事大国形象，介绍较为客观、真实的描写了中国的核武器研究成功的时间以及中国在世界核武器领域的地位，保持着正确的立场，没有被西方所谓的"中国威胁论"误导。

有关军费，教科书写到："如果说世界上国防经费最多的国家，那么，在2008 年一年，美国花费 6070 亿美元，法国和英国 – 650 亿，日本和德国 – 450亿，中国 – 850 亿美元。"（Если говорить о самых больших расходах на оборону странами мира, то, по данным 2008г., США выделяют на эти цели до 607 млрд. Долларов в год, Франция и Великобритания – 65 млрд., Япония и Германия – 45млрд., Китай – 85млрд. долларов.）①；"美国在 20 世纪末拨出370 亿美元进行研究，法国 – 50 亿，大不列颠 – 32 亿，德国 – 22 亿，日本 – 18亿，而俄罗斯和中国总共全年花费 10 亿美元。"（Так, США в конце XX в. Выделили на такие исследования 37 млрд. Долларов, Фрация – 5млрд., Великобритания – 3, 2 млрд., Гремания – 2, 2млрд., Япония – 1, 8млрд., а годовые расходы в России и Китае составляли по 1 млрд. долларов.②）；"美国对军事目标的消费超过了前 10 名的世界各国（英国、法国、德国、意大利、西班牙、韩国、日本、中国、印度和俄罗斯）的国防预算总额。美国大力增加，并继续加强其军事经济地位。"（Расходы США на военные цели превышают совокупные оборонные бюджеты 10 ведущих государств мира（Великобритания, Франция, Германия, Италия, Испания, ЮжнаяКорея, Япония, Китай, Индия и Россия）. Соединенные Штаты резко усилили и продолжают укреплять свои военно – экономические позиции.）③ 这些数据说明在哈萨克斯坦的学者心中认为中国的军事防御发展方向，而非外侵的意图，向世界及哈萨克斯坦公民展示出了中国爱好和平的形象。同时也显示出美国的军事消费以及军事力量的增长已经超过了世界前十名国家的总和，而中国却远远不及它，美国宣扬的"中国军事威胁论"不攻自破。

---

① 《世界社会经济地理》初中第十册，阿拉木图 Мектеп 出版社，2010，第 32 页
② 《世界社会经济地理》初中第十册，阿拉木图 Мектеп 出版社，2010，第 32 页
③ 《世界社会经济地理》初中第十册，阿拉木图 Мектеп 出版社，2010，第 110 页

　　"在世界各国的武装部队的规模中，中国排名第一。在二十一世纪初期，中国军队的服役士兵将近230万，在第二位的是美国——超过140万，还有俄罗斯——在100万以上。同样，印度和南韩也一样（超过100万，全民皆兵）。(По численности вооруженных сил Китай среди всех государств мира занимает первое место. В начале XXI в. В армии Китая служили около 2, 3млн. солдат. На втором месте находятся соответственно США － более 1, 4млн. И Россия － свыше 1 млн. Человек, а также Индия и Северная Корея（более 1 млн. Человек в каждой).① 此段文字显示，中国的武装部队规模居世界第一位，与中国的实际情况相符合，这较为符合中国国情，因为中国人口众多，土地广袤，需要加强国土防御的力量。

　　有关军事武器进出口，教科书写到："在上个世纪90年代出口武器的国家包括美国、俄罗斯、中国、法国、英国和意大利。"(В 90－х годах прошлого столетия к странам, экспортирующим оружие, относились США, Россия, Китай, Франция, Великобритания и Италия.)②；"在常规武器主要出口国的名单中包括乌克兰，白俄罗斯、中国。"(В список ведущих экспортеров обычных вооружений вошли Украина, Беларусь, Китай, Расширяют военный экспорт Израиль, Швеция, Аргентина, Бразилия, Южная Корея.)③；"常规武器最大的进口国是沙特阿拉伯。它在上述年份从美国进口的武器达367亿美元（16%），紧随其后的是：印度－308亿（14%），阿联酋－153亿（7%），中国－129亿（6%），埃及－123亿（5. 5%）和巴基斯坦－115亿美元（5%）。"(По импорту обычных видов оружия первое место занимает Саудовская Аравия. Эта страна в указанный год закупила оружия на 36, 7 млрд. Долларов США（16%). Следующие места принадлежат: Индии－30, 8млрд. （14%）, ОАЭ－15, 3млрд. （7%）, Китаю－12, 9млрд. （6%）, Египет－12, 3 млрд. （5, 5%）и Пакистан－11, 5 млрд. Долларов（5%).④ 这些数据显示出哈萨克

---

　　① 《世界社会经济地理》初中第十册，阿拉木图 Мектеп 出版社，2010，第32页
　　② 《世界社会经济地理》初中第十册，阿拉木图 Мектеп 出版社，2010，第82页
　　③ 《世界社会经济地理》初中第十册，阿拉木图 Мектеп 出版社，2010，第111页
　　④ 《世界社会经济地理》初中第十册，阿拉木图 Мектеп 出版社，2010，第111页

斯坦国家意识形态对中国及其周边国家军事发展的密切关注。

（五）科学技术

中国古代科学技术在世界科技发展史上有其重要历史地位。哈萨克斯坦地理教科书写到"指南针和火药的发明，东亚国家掌握印刷技术（中国，胜华，1088 年；蔡伦，105 年）的手段，都发生在十六至十八世纪。在欧洲制造业的工厂是科学和技术革命的第一个先决条件。"（Изобретение компаса и пороха, овладение, способами книг о печатания в странах Восточной Азии（Китай, ШэнХуа, 1088г.；ЦайЛунь, 105г.），появление на свет в XVI—XVIIIвв. Мануфактурных производств в Европе были первыми предпосылками научно - технической революции.)①；"俄罗斯、美国、法国、日本、中国和英国都使用各自的宇宙飞船将宇宙探测器推向轨道。"（Россия, США, Франция, Япония, Китай и Великобритания выводят на орбиту космические исследовательские аппараты с помощью своих космических кораблей.)②；"世界上一些国家，如法国（1965 年），日本和中国（1970 年），英国（1971），也创造和发射卫星进入了环绕地球轨道。"（Такие страны мира, как Франция（в 1965г.）Япония и Китай（в 1970г.），Великобритания（в 1971г.），тоже создали и запустили на околоземную орбиту искусственные спутники Земли.)③ 此段文字的国家排序间也可以看到，哈萨克斯坦认同中国的航天科技能力虽然现在走在世界前沿，但依然没有超过发达国家。

有关水力发电，该教科书写到："在美国，俄罗斯，巴西，加拿大，中国，能够供应充足的水电生产，挪威所有电力都来自水力发电。"（Хорошо поставлено производство электроэнергии на ГЭС в США, России, Бразилии, Канаде, Китае；Норвегия полностью получает электроэнергию от ГЭС.)④；"在中国长江流域的上游。有一个叫三峡（"三峡"）的，容量为1800 万千瓦的庞大的排水系统。大坝的高度是 180 米，在那里安装了 26 个涡轮机，大坝长度

① 《世界社会经济地理》初中第十册，阿拉木图 Мектеп 出版社，2010，第 47 页
② 《世界社会经济地理》初中第十册，阿拉木图 Мектеп 出版社，2010，第 153 页
③ 《世界社会经济地理》初中第十册，阿拉木图 Мектеп 出版社，2010，第 153 页
④ 《世界社会经济地理》初中第十册，阿拉木图 Мектеп 出版社，2010，第 104 页

—2. 5公里，水库长约700公里，该水电站的第一套系统在2003年启动，最后一套系统也将在近期通过实验检测投入使用"（В Китае в верхнем течении Янцзы строится гигантская гидросеть под названием Санься（"Триущелья"）мощностью 18 млн. кВт. Высота плотины, где установлено 26 турбин, ——180м, длина - 2,5км. Длина водохрани лища - около 700км. Первый агрегат этой ГЭС запущен в 2003г. Последний будет сданв эксплуатацию в ближайшее время.）① 据国内资料显示，三峡水电站大坝高程185米，蓄水高程175米，水库长600多公里，总投资954. 6亿元人民币，安装32台单机容量为70万千瓦的水电机组与哈萨克斯坦地理书中的叙述内容相差不大。

（六）语言文化

该教科书中对世界上的语言进行了总结："世界上最使用人口最多的语言：汉语，有超过10亿人在使用；英语和印地语 – 各4亿人；西班牙语和阿拉伯语 – 有3亿人在说。"（Самые распространенные среди языков мира：китайский，на нем говорят более 1 млрд. человек, английский и хинди - каждый по 400млн. человек, испанский и арабский - по300млн. человек.）②；"世界上有将近6000种语言，如果包括所有方言，那么就会增加3倍。其中有12大语种有超过1亿人使用，有58种语言使用的人在1000万 – 1亿之间。使用人口最多的语言是汉语，使用的人超过10亿。"（В мире существуют около 6 тыс. языков, а если включить все диалекты, то это число возрастет в три раза. Среди них есть 12 мега языков, на каждом из которых говорит более 100 млн. человек, и 58 макро языков, на которых говорят от 10 до 100 млн. человек. Самый распространенный язык - китайский, на нем говорят более 1 млрд. человек.）③ 这两段资料表明汉语是世界上使用人口最多，最普遍的语言。从侧面表现出中国的人口众多，分布广泛。但是并没有说出本国公民对汉语的态度，会说汉语的哈萨克斯坦公民有多少，是否愿意学习汉语等问题，仅是客观的描

---

① 《世界社会经济地理》初中第十册，阿拉木图 Мектеп 出版社，2010，第75页
② 《世界社会经济地理》初中第十册，阿拉木图 Мектеп 出版社，2010，第49页
③ 《世界社会经济地理》初中第十册，阿拉木图 Мектеп 出版社，2010，第59页

述了汉语的使用人数。同时还写到："除了联合国官方语言——英语和法语之外，享有联合国工作语言的语言有：汉语、西班牙语、阿拉伯语和俄语。"（Кроме официальных языков ООН – английского и французского, статус рабочих языков этой организации имеют：китайский, испанский, арабский и русский языки.）① 该段资料说明哈萨克斯坦对于汉语作为世界上使用人口最多的语言并取得联合国工作语言的地位表示认可，汉语在联合国的地位也体现了中国作为一个世界大国繁荣发展进步的形象。

有关宗教文化，该教科书写到："除了世界级的宗教外，还有一些民族宗教，它们具有自己的特色，在印度有印度教和锡克教，中国的道教和儒教（孔子学说），日本的神道教。最古老的宗教之一——犹太教——居住在以色列的人和居住在其他国家的犹太人信仰这个宗教。"（Кроме мировых существуют и национальные реликии, характеризующиеся своеобразными особенностями. Это индуизм и сикхизм в Индии, даосизм и конфуцианство в Китае, синтоизм в Японии. Одна из древнейших религий—иудаизм—распространена в Израиле и среди евреев, живущих в других странах（таблица3）.）② 此段文字表明，哈萨克斯坦对中国道教和儒教（孔子学说）文化的认同。这种说法较为符合实际情况，中国是世界上最古老的国家之一，是世界上唯一一个文明没有中断的国家，历经千年的传承，文化底蕴深厚，道教和儒教是中国的本土的宗教。中国的本土宗教是道教，而儒教作为中国传统的思想学派，也是中国传统文化的神经和灵魂。2009 年宗教蓝皮书《中国宗教报告》中正式把儒教作为中国最重要的传统宗教加以研究和介绍。道教和儒教宣传中国的传统思想文化，对树立中国的文化大国形象有很大帮助。

有关文化遗址，该教科书写到："相当数量的度假者和游客出行的会去西班牙、瑞士、法国、意大利、日本、印度、土耳其、美国、中国，那里有完美的天然游憩环境和许多文化和历史古迹。"（Значительное количество отдыхающих и туристов – путешественников принимают Испания, Швейцария,

---

① 《世界社会经济地理》初中第十册，阿拉木图 Мектеп 出版社，2010，第60页
② 《世界社会经济地理》初中第十册，阿拉木图 Мектеп 出版社，2010，第51页

Франция，Италия，Япония，Индия，Турция，США，Китай，где прекрасные природные рекреационные условия и многокультурно – исторических памятников.)① 此段文字的国家排名表明，哈萨克斯坦对中国 5000 年悠久历史文化还缺乏了解。

（七）资源形象

有关资源，该教科书从矿产、非矿产资源、石油、钢铁等方面较为客观的描述了世界各国的资源状况。我们可以从中了解到中国在其中的地位，从而得出中国在哈萨克斯坦国民心目中是什么样的形象。教科书写到："只有少数几个国家拥有所有种类的自然资源。比如俄罗斯、美国、中国，拥有比较大的矿产储量、森林、水和土地资源；巴西、印度、加拿大、澳大利亚虽然落后于他们，但自然资源也是足够的。"（Только в нескольких государствах встречаются все виды природных ресурсов. Например, Россия, США, Китай владкют относительно крупными запасами минеральных, лесных, водных и земельных ресурсов; Бразилия, Индия, Канада, Австралия, хотя и отстают от них, достаточно природными ресурсами.)② 此段文字表明，哈萨克斯坦认同中国是资源大国的形象。同时还写到："矿场开采容量领先的是美国，中国和俄罗斯，他们几乎占全世界矿产原料开采量的 41%。"（По объему добываемых минералов лидируют США, Китай и Россия, на них приходится около 41% от всей мировой добычи минерального сырья.)③；"每年世界矿产资源开采量达到 100 亿吨之多，开采量最大的是美国和中国（每年超过 10 亿吨）。"（Ежегодная мировая добыча минеральных ресурсов достигла более 10 млрд. т. Наибольшее Количество добычи приходится на США и Китай（более 1 млрд. твкаждом））④ 此段文字表明，美国、中国和俄罗斯在世界矿产资源开采中占据主要地位，说明其矿产资源储量多。同时从另一个角度来看，开采资源多，也说明消耗速度快，国内需求大，这三个国家也是资源消耗大国。

---

① 《世界社会经济地理》初中第十册，阿拉木图 Meктeп 出版社，2010，第 71 页
② 《世界社会经济地理》初中第十册，阿拉木图 Meктeп 出版社，2010，第 65 页
③ 《世界社会经济地理》初中第十册，阿拉木图 Meктeп 出版社，2010，第 66 页
④ 《世界社会经济地理》初中第十册，阿拉木图 Meктeп 出版社，2010，第 66 页

第三节 教科书上的中国形象结论分析与启示

一、哈萨克斯坦教科书中的中国形象及对中哈关系潜在影响分析

哈萨克斯坦教科书中的涉华内容，为我们描绘出了一个"他国"教科书中的中国轮廓。通过对哈国教科书内容的梳理和解读，我们可以得出哈萨克斯坦主流价值观认可的中国形象的基本要点。

（一）认同并期盼中国崛起和不断增强国际影响力的大国形象

中国是一个拥有着悠久历史及灿烂的物质、精神文化的文明古国。中国的历史、文学典籍中，保留着大量与哈萨克斯坦有关的生动文字资料，这些资料除证实两国长久的双边关系外，也为独立后的哈萨克斯坦的国家文化建设活动，提供了宝贵的资料支撑。

认同中国崛起和期盼中国国际影响力的增强。该教科书从交通往来，能源合作，国际经济地位等方面阐述了与中国有关的内容，客观地叙述了中国与哈萨克斯坦之间的交通线与经济贸易之间的往来，并且在教科书中表现出了中国与哈萨克斯坦的经济联系十分紧密，哈萨克斯坦的一些工业主要出口国就是中国，这些信息充分表明，哈萨克斯坦国民对于中国的经济实力的肯定，期盼加强中哈两国贸易往来，促进彼此经济快速发展。

（二）历史资料再现丝绸之路成为两国紧密联系合作交流的桥梁和纽带

《哈萨克斯坦历史》教科书中涉及中国的词频达到 97 次，内容主要涉及到政治、经济、文化、军事等方面，这不仅充分说明中哈两国之间自古以来的千丝万缕的联系，可见互相的影响是深刻、久远且广泛的，而且有助于我们了解哈萨克斯坦主流价值观认可的中国形象，也可以深刻把握哈萨克斯坦青少年对于中国形象的认知，从而把握中哈关系及丝绸之路经济带复兴的发展未来。

从公元前 2 世纪开始，不管是短暂的交战还是长期的政治、经贸合作，中国与哈萨克斯坦间的双边交往就没有停止过。古代丝绸之路是中国通过西域向西方延伸的一个商道，拥有极高的经济价值、文化价值和政治价值，从古至今，丝绸之路都在为中国、中亚乃至欧洲提供着经济、科技、教育、文化、合作交流平台。这条古道促进了沿线国家经贸发展，也为文化传播提供了便利。

中国的商品、技术发明不断传播到哈萨克斯坦，而哈萨克斯坦的文学、艺术等精神文化财富，也间接地影响着中国。两千多年的交往历史证明，只要坚持团结互信、平等互利、包容互鉴、合作共赢，不同种族、不同信仰、不同文化背景的国家完全可以共享和平，共同发展，这是古丝绸之路留给我们的宝贵启示。

（三）哈国地理教科书对中国"一国两制"方针认识不清的问题值得关注和重视

哈萨克斯坦地理教科书中的涉华内容，为我们描绘出了一个"他国"教科书中的中国轮廓。通过对哈国地理教科书内容的梳理和解读，我们可以得出哈萨克斯坦主流价值观认可的中国形象的基本要点。

肯定和认同中国的大国形象。该教科书较为公正客观的从政治、经济、军事、社会民生、文化、资源等方面对中国进行了描述。体现的中国形象较为符合中国国情，并没有受西方"中国威胁论""中国崩溃论"的影响而改变对中国是世界大国的看法。

该教科书中对于中国"一国两制"方针认识不清的问题值得关注和重视。尤其是传授给哈萨克斯坦的青少年，会在潜移默化中使他们对中国形象产生不良影响。

二、哈萨克斯坦教科书中的中国形象分析的思考和建议

（一）政府层面的设计及监督

今天"丝绸之路经济带"上不同文明、文化间的对话和互赏，是发展战略思维、战略理念的相互交流沟通，是对共同战略发展利益认知的共同强化。在构建"丝绸之路经济带"的战略发展目标时，学者应深入挖掘古代丝绸之路的历史价值和意义，将平等互赏、互利合作的古老历史价值观重现于21世纪亚欧大陆发展战略空间，形成互利共赢和共享发展成果的新合作模式。上海合作组织的成立，为今天中国与哈萨克斯坦间的合作提供了良好的契机。2013年，习近平主席提出的"丝绸之路经济带"战略构想，促进了中哈两国间更为深入全

面的交流合作。在这样的大背景下，我们亟需了解哈萨克斯坦等古丝绸之路上的国家对其自身现代色彩和发展理念的认识；作为具有地缘优势的兄弟国家，中哈两国能否再现丝路文明的兴盛；在中哈全面战略伙伴关系快速发展的重要节点，两国能否协力共建合作道路。

构建丝绸之路经济带的过程中，在中亚地区如何正确、有效地塑造中国的国家形象，需进一步探索言语行为主体间的互动模式，拓展中国对外宣传的媒介、途径。在重要事件发生之时，一定要在第一时间表明态度，充分利用各类语言教学平台、电媒、纸媒和网媒，将真实的中国态度、中国形象及时、准确地传递到兄弟国家的受众耳中。

此外，我们也要深入分析中亚国家的学校教材、媒体报道、互联网信息中的中国形象信息，了解兄弟国家对现代中国和"丝绸之路经济带"战略构想的态度，从而更好地把握共同建设发展"丝绸之路经济带"的历史价值和潜在意义。

针对目前这两个区域都存在的一些反全球化、反现代化的极端思想，必须坚持在文化上先行，坚持树立马克思主义世界观和方法论，用辩证唯物主义去思考问题，坚持现代文化引领，发挥好"丝绸之路经济带"人文交流中的中国文化引领和辐射作用，为丝绸之路经济带沿线国家加强区域大合作创造有利的人文发展软环境，促进我国边疆社会对外开放，并以此为契机，实现我国边疆社会稳定和长治久安。

孔子学院作为沟通中外文化桥梁和深化友谊的人文纽带，已成为中华文明与各国文明互动互鉴互融的重要途径，也成为"丝绸之路经济带"民心相通的坚实桥梁与沟通平台。

新疆作为"丝绸之路经济带"核心发展区，要充分利用地缘优势和语言文化的优势，以构建"丝绸之路经济带"为契机，以中亚等周边国家为依托，逐步辐射"丝绸之路经济带"沿线的其他国家的人文交流与合作，以孔子学院及来疆留学生教育为重点，逐步推进教育、科技及文化全方位的交流与合作，加快构建孔子学院成为"丝绸之路经济带"民心相通之桥，推进"和而不同"文化追求成为沟通沿线各国民心之思想基础，促进"丝绸之路经济带"健康持续发展。

积极发挥孔子学院综合文化交流平台的独特优势，进一步拓展功能，从单一的语言教学向综合文化交流、教育合作、科技合作、旅游合作、信息咨询等人文综合服务多元功能发展，不断提高孔子学院的办学质量，全面提升孔子学院成为"丝绸之路经济带"的桥梁及平台作用，扩大新疆作为"丝绸之路经济带"核心区的影响力。

充分依托中亚孔子学院优势，拓宽"丝绸之路经济带"框架下其他国家的交流平台，改变目前交流方式单一、交流平台狭窄的现状。加快建立"丝绸之路经济带"沿线国家的各方交流合作机制及完善孔子学院平台建设，加快与上合成员国家的大学合作，政府与民间各方合作。做好服务于"丝绸之路经济带"建设的人才需求培养工作，依托孔子学院及新疆高校教育平台，探索各类专业学历留学生人才培养的新机制，新思路。

加快完善孔子学院教师、教材及各项运行机制建设。目前，中国新疆已在中亚国家建有 7 所孔子学院、12 所孔子课堂及 20 多个汉语教育中心，但近年相关研究结果显示，孔子学院各方面内涵建设急需加强。所以应加强"丝绸之路经济带"区域及国别化研究，设立研究专项，培养研究团队，做好"丝绸之路经济带"人文领域的智库研究和建设工作，为"丝绸之路经济带"发展保驾护航。

我们无法左右哈萨克斯坦历史教科书中的内容，但我们可以借助孔子学院、孔子课堂及汉语中心等语言教学平台，借由汉语教师和汉语志愿者传播好今天的中国声音，讲述好今天的中国故事，有效、全面、客观、真实地构建好"丝绸之路经济带"中的国家形象。

（二）社会层面的参与和共建

目前"丝绸之路经济带"是整个国家面向世界的一个新的战略，基于独特的区位优势，中国新疆和中亚在"丝绸之路经济带"战略构想中都占据了重要地位。要想充分发挥丝绸之路经济带人文交流中中国文化引领与辐射作用，促进沿线各国民心全面相通。首先"丝绸之路经济带"不要仅看成一个经济的问题，还有大文化的概念，人文交流与商贸交流并进。在与中亚国家经济合作时，中国不能仅被看成是为中亚资源而来"做生意"，应更多加强人文交流，关心民生项目，为各领域合作提供民意支持。

"一带一路"要实现五通，人的因素是重要环节也是关键支撑。培养通晓国际规则，了解国际政治、经济、文化的专业人才，成为教育机构、专业智库、政策制定者和实践工作者共同面对的问题。

"一带一路"建设，倡导不同文明、不同文化要交融汇合。习近平主席曾指出，中国将实施增进友好的"百千万"工程，着眼文明互鉴，覆盖典籍互译、智库对接、人员培训、艺术家互访等多项内容，一系列举措将在中阿人民特别是青年心中播撒下团结友好的种子，让人才和思想在"一带一路"上流动。

自 2013 年 9 月习近平主席在中亚首次提出"一带一路"伟大倡议，到 2015 年 3 月 28 日正式发布《推动共建丝绸之路经济带和 21 世纪海上丝绸之路的愿景与行动》文件，一大批聚焦"一带一路"建设的智库出现在大众视野之中，从各关键领域为"一带一路"建言献策。这其中既有政府的智库群体、企业或高校联合组建的智库，也有民间独立智库，各具特色和优势。各类智库为"一带一路"发展，提供理论、实践支撑。

新疆与中亚的区域优势及发挥好"丝绸之路经济带"核心区的作用，全面推进"丝绸之路经济带"上不同文明间的对话、互鉴，促进战略思维、战略理念的相互沟通，强化共同战略利益的认知。

发挥以文化人、以文促情、以文建信的作用，把继承传统优秀文化又弘扬时代精神、立足本国又面向世界的当代中国文化创新成果传播出去，让哈萨克斯坦民众更好了解和体验中华文化。

（三）民间团体层面的交流和共建

新一代哈萨克斯坦青少年的意识形态如何认同中国的形象，关系着中哈两国的未来发展。我们应该积极面对今天"丝绸之路经济带"复兴的大好机遇，加强"丝绸之路经济带"上不同文明间的对话、互鉴，加快中哈两国间更深入、全面的交流合作。

随着"一带一路"沿线国家合作交流的进一步加深，中哈两国的国情、两国之间的各种交流、合作格局都发生了巨大变化，而历史教科书中信息、观点的更新速度却是相对滞后的。我们应加强两国青年之间的交流、合作，拓宽文化信息传递的范围和途径，让中哈两国未来社会发展的重要力量，能从书本中走出来，通过互联网、纸质媒体，甚至通过面对面的交流来认识对方的真实国情和现代文明。

高度重视与"丝绸之路经济带"沿线国家的学生交流与留学生培养工作，增强不同国家青年之间的了解和友谊、对不同文化的理解与社会的认同，发挥好留学生作为国家之间文化交流与合作的文明种子及世代和平友好的中坚力量作用。"丝绸之路经济带"沿线国家的留学生未来必将成为"丝绸之路经济带建设"的主力及各方交流合作的纽带。

我们无法左右哈萨克教科书中的内容，但可以借助孔子学院、孔子课堂及汉语中心等平台，传播好今天的中国声音，讲述好今天的中国故事，有效、全面、客观、真实地构建好"丝绸之路经济带"中的国家形象。同时，我们也要通过中西亚国家的学校教材、媒体报道、网络信息等，跟踪观察"他国"对现代中国及"丝绸之路经济带"的认知，从而更好地把握共同建设发展"丝绸之路经济带"的历史价值和潜在意义。

第二章

"一带一路"沿线国家哈萨克斯坦媒体中的中国

目前中国在中亚地区具有长期的、至关重要的安全、稳定、经济利益，随着中国国际地位和中哈合作关系的日益提升，中国内容将越来越多地进入到哈萨克斯坦媒体中。本文在针对哈萨克斯坦国民了解中国信息的调查数据显示整体被访者通过互联网来了解中国信息的比重最大，为38.9%；其次是通过"周围中国人"了解的为16.7%，再次是通过"周围哈萨克斯坦国民"和"电视"的比重各为12.5%，该结果表明新媒介互联网已被哈萨克斯坦国民广泛接受并成为了解中国信息时非常信赖的主要渠道。本章以哈萨克斯坦网络版《快报》和《哈萨克斯坦真理报》为主要研究对象，重点翻译分析涉华内容中政治、经济、文化等相关主题的分布状况和文章内容的总体倾向，研究哈萨克斯坦网络媒体"如何看中国""为什么这样看中国""该怎样看中国"等问题，不但可以间接地了解哈萨克斯坦网络媒体中的中国形象，还能充分理解涉华报道内容"中国观"的成因。这些都有助于我们改进对外传播，改善哈萨克斯坦公众中的中国形象，营造良好的国际舆论环境，对把握中哈关系的发展前景，提升哈萨克斯坦的中国影响力，加快丝绸之路经济带建设，维护中国西北边疆的稳定和文化安全至关重要。

本章所涉有关哈萨克斯坦网络媒体中中国形象的研究材料，主要取自于哈萨克斯坦 www. express – k. kz（哈萨克斯坦快报）和 www. kazpravda. kz（哈萨克斯坦真理报）的网站。这两家网站为哈萨克斯坦主流网络媒体，主要以该国每日社会和政治内容为报道主题。调查以 2013—2014 年 "Китай"（中国）和 "КитайиКазахстан"（中国和哈萨克斯坦）为关键词搜索，结果显示涉华报道总篇数为 111 篇，报道最多的是经济主题，共 73 篇，占总量的 65.8%；其次是政治主题，共28篇，占总量的25.2%，军事、科技和文化三方面的主题占到9%。

第一节 《快报》上的中国

一、中国政治形象

政治形象是国家形象最重要的组成部分，也是国家形象的核心内容。中国与哈萨克斯坦一直致力于建立深度的友好合作关系，现在哈萨克斯坦正处于上升发展阶段，而中国正在向节约、资源、绿色经济转型。哈萨克斯坦具有丰富的石油资源和天然气资源，而中国虽然地域辽阔，资源丰富，但人口众多，大量资源需要进口。中哈之间的合作发展，是互利共赢。体现在报道中的内容如下：

2013.11.7《丝绸疗法》一文中写道："中国和哈萨克斯坦生活近在咫尺，山水相连接。友谊和两国之间的睦邻友好源远流长。举世闻名的丝绸之路是中国与哈萨克斯坦之间古老友谊的证据"。

2014.1.7《政治友好》一文中写道："在1998年，中哈双方历史遗留的边界问题终于尘埃落定。在2002年签署了睦邻友好合作条约，并于2005年建立了战略合作伙伴关系。我们很高兴地看到，经过19年的建交中哈关系已经上升到了前所未有的水平，进入了发展的最好的历史时期。在政治领域，双方保持密切高层交往，不断增强政治互信。两国领导人有密切的工作关系和个人友谊是有利的。胡锦涛主席访问哈萨克斯坦六次。从2009年12月至2010年6月，总统纳扎尔巴耶夫多次访问中国，并出席国际会议"。

从以上报道中可以看到中哈两国从根本上明确了双边合作关系以及建设丝绸之路经济带的战略地位，中国政府支持哈萨克斯坦为巩固国家独立、维护国家和平稳定的努力。哈萨克斯坦也一贯支持中国的政策，在台湾问题上，承认台湾是中国的一部分，认为中国的和平统一，不仅有利于中国，还有利于世界和平进程的推进。

二、中国经济形象

在《快报》网络版中关于中哈两国经济合作内容的居多，如 2014.10.10 发表的一片题为《中国石油天然气集团公司在哈萨克斯坦—中哈合作，参加丝绸之路能源建设的基石》的报道，其原文写道：

"中华人民共和国和哈萨克斯坦共和国成为全面战略伙伴关系建立在相互信任，互利共赢，表示中国已成为哈萨克斯坦第一大贸易伙伴。文章看好中哈能源合作的道路，并指出中国石油天然气集团公司在哈萨克斯坦的活动做了很多有益的和有利于哈萨克斯坦的能源行业，有利于国家的经济增长和人民的繁荣发展。最后文章提到丝绸之路经济带建设将打开更广阔的视野合作，在能源领域的合作是两国合作的基石将有力地落实两国人民。中国石油天然气集团公司的梦想和希望在能源领域的合作动力，将继续在中国和哈萨克斯坦之间的全面战略伙伴关系的发展发挥积极作用。"

近年来，中哈两国经济合作成果显著。2010 年中哈贸易额突破 200 亿美元，是建交初期的 50 多倍。中国已成为哈萨克斯坦第一大贸易伙伴，哈萨克斯坦则是中国在独联体地区的第二大贸易伙伴和中国对外投资第三大目的国。两国元首还提出到 2015 年将贸易额提升至 400 亿美元的宏伟目标。哈萨克斯坦网络媒体对中国经济方面的报道几乎全部都是肯定和正面的，说明哈萨克斯坦主流网络媒体对中哈经济发展及丝绸之路经济带互利共赢发展战略的认同和关注。

三、中国文化形象

近年来，中国政府设立奖学金，为成绩好的学生提供来中国留学的机会，并在哈萨克斯坦建立孔子学院，以扩大中哈人文交流。哈萨克斯坦的年轻人学习汉语和中国文化的兴趣随着中亚"汉语热"及"丝绸之路经济带"的复兴与日俱增。在网络版中《快报》多次报道中国文化普遍受到哈萨克斯坦公众和社团的喜爱。

2014.2.15 网络《快报》报道哈萨克斯坦内政外交会议上，一位在阿斯塔纳工作过三年的人说他亲身感受到了当地的"中国语文热"。他说道：

"在正式场合，首都的居民在街道经常打招呼说'你好'，以此来展现对中国语言的了解，现在成了时髦。目前，中国拥有超过 8000 名哈萨克斯坦留学生。对于一个国家的人口不超过 1700 万人，这是一个值得尊敬的数字。他所熟悉的许多哈萨克官员和商界人士的子女在中国就读。在中国的使馆经常打电话询问如何申请在中国培训。此外，中国的语言成为哈萨克斯坦的许多大学甚至中学的课程，还说一方面，中国的语言'热'引起哈萨克斯坦人民注意到中国令人瞩目的经济增长，提高中国的国际地位和影响力。在另一方面，中国语言研究推动古老而独特的文化。近年来，中国与哈萨克斯坦之间的合作蓬勃发展，使汉语的水平成为哈萨克斯坦具备技能中最重要的技能之一。在哈萨克斯坦，越来越多的企业有中国的参与，并有聘请当地的专业人士，这是一个必然趋势，也是他们学习汉语的一个重要原因。"

人文交流与政治互信、经贸合作一起，构成了中国与中亚关系的三大支柱，对于促进民众相识相知、推动中国与哈萨克斯坦关系健康发展具有特殊意义。人文交流的根基在民众，今天，越来越多的中亚民众加入到人文交流中来，互学语言，互相了解对方的历史与文化，这种深度交流不仅是中国与哈萨克斯坦人民的福祉，更是在为世界和平做贡献。在未来，人文交流将在构建中国与中亚关系，促进"丝绸之路经济带"建设与发展中展现独特优势、发挥更大作用。

第二节　《哈萨克斯坦真理报》上的中国

一、中国经济形象

一个国家的经济形象是该国形象的重要组成部分之一。在习近平主席即将对哈萨克斯坦进行国事访问之际，哈萨克斯坦共和国总统国事委员会委员、欧亚大学汉语教研室主任、语文学博士杜肯·玛斯木汗教授在《哈萨克斯坦真理报》发表题为《中国新一届领导人——习近平》的长篇署名文章，畅谈中国对世界发展做出的重要贡献，介绍中国新一届领导人习近平，并祝愿中哈两国友好合作关系继续深入向前发展。文中写道："在过去的十年中，中国对世界经济的贡献率超过 20%……1997 年的亚洲金融危机已经动摇了许多国家的经济发展，随后的 2008 年全球金融危机也影响了多国的发展，而中国却能在两场危机中为很多深陷经济危机的国家提供经济援助……中国一贯主张和平解决地球各个角落不断发生的各种政治冲突。"从中我们可以看到杜肯·玛斯木汗教授对中国经济发展的肯定以及中国对世界经济做出重大贡献的赞扬，肯定了中国在处理同包括社会主义国家在内的一切国家的关系中，一贯坚持的和平共处五项原则，并在五项原则的基础上，同许多国家建立和发展了友好合作关系的外交政策。最后文章总结到："肯定地说，习近平时代两国之间的关系将继续处在和平共处、合作、互惠互利、相互理解的水平上。中国和哈萨克斯坦永远是好邻居、好朋友、好伙伴。"

二、"丝绸之路经济带"案例分析

网络版《哈萨克斯坦真理报》报道了习近平主席在哈萨克斯坦纳扎尔巴耶夫大学发表题为《弘扬人民友谊、共创美好未来》的重要演讲。报道写道："习近平主席倡议用创新的合作模式，共同建设"丝绸之路经济带"。并列举了国内外优秀人士对习近平主席此次演讲给予高度正面的评价，其中纳扎尔巴耶夫大学澳大利亚籍教师洛蕾塔·奥唐奈认为："丝绸之路经济带"是对古丝绸之路的全新发展，这一理念不仅旨在促进经贸繁荣，还旨在加深社会人文层面的交流，尤其重视年轻人的交流。习近平在演讲中表示将邀请哈萨克斯坦师生前往中国参加夏令营活动。这些举措目光长远，将把传统的交往提升到一个新的层次；纳扎尔巴耶夫大学副校长达伊罗娃、巴基斯坦伊斯兰堡战略研究所所长伊纳姆·哈克等著名学者对此次演讲做了高度的评价，可以看出习近平主席此次的演讲非常成功，在世界上引起了巨大的反响。

以上报道充分显示"丝绸之路经济带"是国家的大战略、大布局和大手笔，其重在创新合作，绝不是重走或是沿袭老路，应成为经济、文化、友谊、富民之路，重塑"丝绸之路"辉煌，让亚欧经济共同体走向深度融合，新的地缘格局必将再度深刻影响世界，是我们未来三十年改革开放和可持续发展的热点。

第三节　媒体上涉华报道的倾向性分析与启示

《快报》与《哈萨克斯坦真理报》中，涉华新闻报道数量多，内容涵盖面广。随着"一带一路"战略的落实和发展，哈萨克斯坦国内媒体更加关注中国，他们采编关于中国的政治、经济、文化方面的新闻信息，从哈萨克斯坦国民的视角，对今天的中国进行介绍和报道。在这些报道中，既有积极正面的报道，也不乏一些消极负面的。但总体来说，正面和中立的报道占比较高。本章搜集的哈萨克斯坦网络媒体中涉华内容的报道，正面倾向占66%、中立占25%，负面倾向占9%。

究其原因，中立和负面倾向的首先表现在一部分人受到西方媒体"中国威胁论""妖魔化中国"的渲染鼓吹而损毁中国的形象；其次通过周围中国人或哈国人介绍的中国，是没有充分的知识储备用于判断真实性的随口介绍，众口不一、随口而说，道听途说现象的影响，对中国崛起及"丝绸之路经济带"复兴带有疑惑或担心，这些都反映出中国形象在哈萨克斯坦塑造的路径、深度和内容存在一些不足。再次，部分记者或编辑本身的价值观及他们对待中国的态度，也在一定程度上影响了报道的倾向性。最后，《快报》和《哈萨克斯坦真理报》所引消息的来源，到底是来自中国媒体的对外宣传，还是西方媒体的报道，也会影响最终发布的报道的倾向性。

总的来说，哈萨克斯坦网络媒体的导向是有利于中国形象塑造的，有利于中国正面形象塑造的，表明哈萨克斯坦网络媒体报道的客观性和真实性，有利于受众了解真实的中国。当前中哈应该借助"丝绸之路经济带"的东风，紧抓机遇，深挖潜力，合力打造两国合作的升级版。

为了不断推动中哈全面战略伙伴关系深入发展，共同实现两国发展战略和民族复兴之梦，从以下方面加强哈萨克斯坦网络媒体中中国形象的传播和塑造的相关建议。

首先，应加强中国网络媒体和哈萨克斯坦网络媒体的合作，着力打造针对哈萨克斯坦的语种媒体，提高新闻信息原创率、首发率、落地率。

其次，在与哈萨克斯坦媒体合作的基础上，应根据就今天中国的国情、新疆的区情、"丝绸之路经济带"建设与发展的未来之景制作成宣传片等文化产品，由合作方哈萨克斯坦媒体及时在哈国播放，以便哈国国民及时了解事关中国与哈萨克斯坦共同发展，共同受益的美好合作未来，以期达到民心相通的结果。

第三，加快孔子学院网络平台建设，使其成为"丝绸之路经济带"民心相通之桥，推进"和而不同"文化追求成为沟通中哈两国人民心之思想基础。

第三章

"一带一路"沿线国家哈萨克斯坦国民眼中的中国

　　"一带一路"践行和平崛起的理念。在新的发展机遇期，中国提出并推进"一带一路"战略，是出于自身改革开放和经济持续发展的需要，也是对国际合作与共赢模式的新探索。"一带一路"建设坚持合作共赢，追求共同发展，本身就是践行和平发展、和平崛起的正确选择，也更好地诠释和传播了这种价值理念。目前，中亚国家经济发展水平较低，基础设施落后，现代化建设资金相对短缺。为此，中国利用外汇储备多、国民储蓄率高，以及对外承包工程建设管理经验丰富等优势，通过主导建立丝路基金和亚洲基础设施投资银行对接双方供求，在促进本国部分产业转移、谋求经济持续发展的同时，有利于全面提升沿线国家经贸合作水平，缓解沿线国家储蓄与贸易"双缺口"对经济发展带来的制约，改善沿线国家基础设施、医疗、教育、技术水平，提高民众生活水平。中国提出"一带一路"战略，并不是试图借此进行对外政治经济和军事扩张，而是希望与沿线国家发展友好关系，实现基础设施、制度规章、人员交流"三位一体"的互联互通，以及政策沟通、设施联通、贸易畅通、资金融通、民心相通，共同带动世界经济的繁荣和政治的稳定。这是"一带一路"战略的价值所在，充分彰显了中国勇于探索和平发展道路的新形象，因而得到了许多国家的广泛认同和积极响应。近年来，随着中哈战略合作关系进一步深化，加强区域合作已成为两国的共同选择和实际行动，"一带一路"建设正在收获越来越多的合作成果。丝绸之路经济带框架下，加强毗邻区域合作已成为两国的共同选择和实际行动。中国新疆和哈萨克斯坦环境相似、习俗相近、人文相通、经济相融，有着天然的合作基因，是丝绸之路经济带战略机遇的密切合作伙伴。因而，加快推进中哈"一带一路"区域经济合作建设，无疑具有重大而积极的意义，有利于相互放大地缘和资源优势，有利于激活各自发展潜力，有利于传承和深化两千多年的交往历史、加深各国人民友好情谊，为各国边境安全、长治久安奠定良好社会基础，造福各国人民，国之交在于民相亲，民相亲在于心相通，了解"一带一路"沿线国家 - 哈萨克斯坦国民眼中的中国形象，不但可以间接地了解哈萨克斯坦国民心目中的中国形象，还能充分理解他们的"中国观"的成因。另外，这一分析结果，也有助于我们改进对外传播，改善哈萨克斯坦公众中的中国形象，营造良好的国际舆论环境，对把握中哈关系的发展前景，提升中国在哈萨克斯坦的影响力，加快丝绸之路经济带建设，维护中国西北边疆的稳定和文化安全。

第一节　调查设计的样本及特征

一、调查内容

本调查于 2013 年分别在哈萨克斯坦南部、中部及西部的阿拉木图、阿斯塔纳、希姆肯特、阿克托别、阿特劳、南部突厥斯坦、巴甫洛达尔等九个城市进行，由我们派出的汉语教师及志愿者向各调查点发放问卷 400 份，收回问卷 375 份，有效问卷 375 份。调查内容中国信息来源、中国第一联想、中国国际影响力、中国社会、中国经济、中国产品、中哈关系、中国人、孔子学院的确定，主要依据传播学中从信息传递和媒介的传播角度定义国家形象的方法理论。

二、样本特征

调查对象男女性别比例分别 41.7%：58.3%；年龄 50 岁以上占比为 1.4%、40—50 岁的占比为 19.5%、29—39 岁的占比为 42.7%、18—28 岁的占比为 36.4%；学历（学位）为博士的占 10.7%、硕士占 27.1%、学士占 51.6%、其他占 10.6%；职业分布为在校大学生（研究生）占比为 40%、政府官员占比 26%、企业经理和私营业主占比 14%、教师及其他职业占比 20%。以上被访者覆盖哈萨克斯坦南北部九个城市，且年龄及学历结构、职业分布较均衡，为能全面、客观、真实调查各群体心目中的中国形象数据提供了好的条件。

第二节　问卷调查报告：中国形象

一、了解中国的信息渠道

哈萨克斯坦国民了解中国相关信息来自直接渠道和间接渠道。本文主要从"中国经历"和"主要中国信息媒介"两个角度来分析被访者的中国信息来源。

（一）中国经历

本次调查被访问者中来过中国的人数占到65.3%，其中留学的占比为45.8%，探亲及做生意占比为34.7%，旅游占比为11.1%，出差占比为5.6%，外派工作占比为2.8%；从未到过中国的占到34.7%。大部分到过中国的被访者对中国形象的认识比较直观，所呈现出的中国形象也更加贴合自己的所闻所感。

（二）主要中国信息媒介

调查显示，被访者是通过多种媒介渠道来了解中国的信息，见图1。图1信息反映，被访者通过互联网来了解中国信息的比重最大，为38.9%；其次是通过"周围中国人"了解的为16.7%，再次是通过"周围哈萨克斯坦国民"和"电视"的比重各为12.5%，报纸比重最低。可见新媒介互联网已被哈萨克国民广泛接受并成为了解中国信息时非常信赖和依赖的主要渠道，而传统媒体电视和报纸显已过时；同时通过"周围中国人及周围哈萨克斯坦国民"得到中国相关信息的占比相加近30%，说明不同人群对中国的介绍会影响被访者对中国形象的认知。

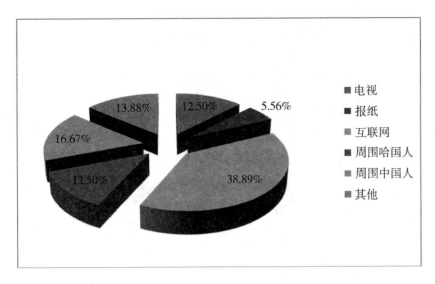

图1 被访者了解中国信息的媒介

二、中国的第一联想

"提到中国首先想到什么",被访者的回答是未经全面思考给出来的,未经过理性的分析判断,是被访者对中国持有的潜意识的反应。大部分被访问者对中国联想是正面和中性的,正面联想比重最高的是经济(58.3%),其次是文化(56.9%),可以看出被访者对"高速发展和充满生机活力"的中国经济以及"源远流长和博大精深"的中国文化是赞同的;在中性联想方面中其他方面的比重达到(66.7%),在访谈中,在华留学的被访者说,中国的医疗水平很高,但看病很麻烦,医院管理制度也不够完善,如对患者的服务态度,关爱程度不够,而且医药费很贵(哈萨克斯坦看病是免费的)。负面联想的比重很小,主要表现在社会及文化方面,具体为中国人"公共场所吸烟、随地吐痰、不遵守交通规则"等负面形象。

三、中国国际影响力

在中国国际影响力的评价中,本章选择美国、俄罗斯、日本作为比较对象,主要基于中国、美国、俄罗斯、日本互为战略合作伙伴。

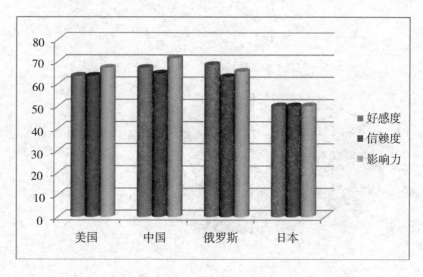

图2 被访者心目中美中俄日四国国际影响力分布图

图2数据显示，在中美俄日四国中，整体被访问者对中国的国际影响力评分最高，其次是美国，再次是俄罗斯，最后是日本。同时本调查还对以上四国要求被访问者在0至100分之间进行打分，并且将日本的影响力确定为50分，要求被访问者以日本为基准对中美俄的好感度、信赖度和影响力进行评分。见表1。

表1 被访者对美中俄日四国影响力评分表

国家	好感度	信赖度	影响力
美国	63.56	63.56	67.14
中国	67.14	64.63	71.63
俄罗斯	68.58	63.07	65.53
日本	50.00	50.00	50.00

表1数据显示，"好感度"得分最高的是俄罗斯，为68.6分，"信赖度"得分最高的是中国，为64.6分，"影响力"得分最高也是中国，为71.6分。整体得分，被访者对中国的影响力评价最高。为了进一步调查哈萨克斯坦国民对中国未来发展的评价，本调查又做了二十年后的最强国是哪个国家的调查。统计

数据显示，66.7%的被访问者认为是中国，23.6%认为是欧盟等其他国家，15.3%认为是美国，8.3%认为是俄罗斯，0认为是日本。以上几项数据充分表明哈萨克斯坦国民对今天中国崛起和明天中国国际影响力的认同和期盼。

四、中国社会形象

本调查从"贫富差距""社会治安""环境保护""自由开放度"四个方面对被访者心目中的中国社会形象进行了调查。见表2。

表2　被访问者心目中的中国社会形象概述（单位:%）

内容	大（差）	一般	小（好）	不清楚
贫富差距	58.3	19.4	6.9	15.4
社会治安	40.3	47.2	6.9	5.6
环境保护	51.5	23.4	9.7	15.4
自由开放度	34.7	43.1	15.3	6.9

表2数据显示，被访者心目中中国社会贫富差距较大，占比为58.3%；社会治安及环境保护差的占比都在40%以上，这反映出中国目前改革进程中面临的实际问题，需加大改进。被访者对目前中国自由开放度的评价趋于正面形象，同时近50%被访者对社会治安的评价也趋于中性形象，这充分反映出被访者对中国加大改革开放力度及社会治安治理，保证社会稳定及长治久安大好局面现状的了解和认同。

五、中国经济形象

国家经济是一国政治和文化的基础。本项调查数据显示，51.4%的被访问者认为中国经济"规模大"，47.2%认为中国经济"成长迅速"和"潜力大"，显示出中国经济正面向上的形象；同时也有40.3%的被访问者认为中国经济"发展质量低"和23.1%认为中国经济"发展不均衡"，虽然呈现的是负面向下的形象，但是也显示出被访者对中国经济发展的关注和期盼。这点在了解中国经济的高速发展对哈萨克斯坦的影响调查中也有体现，44.4%认为中国经济发展给哈萨克斯坦带来的"益处更大一些",34.7%认为"利益与威胁各占一半",仅有1.39%认为"威胁更大"。

在"哈萨克斯坦对其贸易顺差最大国估算"的调查数据显示,59.7%的被访问者认为,哈萨克斯坦对"中国"的贸易顺差最大,其次是俄罗斯(26.39%)、美国(5.56%)、欧盟等其他国家(6.94%)。对"中国人民币的认识"的调查数据显示,31.9%的被访问者认为"工作或经商过程中常常接触,比较了解",同时对人民币"了解很少"的被访问者也占到了30.6%,而12.5%的被访问者表示"关注人民币汇率变化,认为汇率波动会在经济上产生一定影响"。以上数据充分说明中国与哈萨克斯坦两国贸易合作交往非常密切。

目前越来越多的中国公司在哈萨克斯坦投资办厂,越来越多的中国公民进入哈萨克斯坦劳务市场,对哈萨克斯坦外向型经济的发展产生一定的影响。为此,本调查从"劳务市场""当地经济""中国企业"调查"中国投资公司对哈萨克斯坦的影响",见表3。

表3 被调查者对哈萨克斯坦劳务市场上中国劳动力的认知(单位:%)

序号	选项	百分比
1	没影响,我们城市几乎没有中国人	16.6
2	有负面影响,因为他们很快在劳务市场上造成激烈竞争	4.2
3	有一定影响,因为中国人在劳务市场上占据了个别领域	40.3
4	影响不大,因为政府在管控中国劳动力的进入	15.3
5	有积极影响,因为在我国劳动力和专家不足	23.6

表3数据显示,40.3%的被访问者认为中国人在劳务市场上占据了个别领域而有一定影响,还有23.6%的被访问者认为因哈萨克斯坦本地的劳动力和专家不足,中国派驻的专家和劳务会帮助他们解决经济发展存在的问题,这两项数据充分说明哈萨克斯坦需要中国专家,尤其是个别领域的劳动力。

对"在哈中资企业对哈萨克斯坦经济发展的影响"调查中的数据显示,23.6%被访者认为因中资企业带动哈萨克斯坦经济发展而有积极影响,47.2%认为因中资企业引领个别经济领域发展而有一定影响,当然,也有12.5%的被访问者认为因中资企业会带来激烈竞争而有负面影响。

对"在哈中资企业对哈萨克斯坦公民就业影响"的调查数据显示，40.3%的被访者认为"因为有中国企业的地方就会增加就业而有一定影响"；23.6%的被访问者认为"影响不大，因为只有对精通俄汉或哈汉双语的人才才会有影响"；13.9%的被访问者认为"有积极影响，很大程度上带动了哈萨克斯坦当地就业和经济发展"；还有15.3%的被访问者认为"有负面影响，因为语言不通，造成本国国民在中国企业就业困难"。

以上数据显示了哈萨克斯坦国民对中国经济发展的肯定和关注，同时也体现他们对在哈投资的中国企业和在哈工作的中国公民给哈萨克斯坦经济发展带来积极影响的认可和期盼。这点正如被访谈者哈萨克斯坦女子师范大学人文科技学院副院长、教授 MASSYROVARIMMA 认为哈萨克斯坦国民非常关注和肯定中国的发展现状，认为中国现在就如同猛虎出笼，势不可挡。她提出来了汉语－货币－商品的新理论，如果想在一个国家生活或者与这个国家展开合作，就必须掌握该国家的语言，我们学习汉语就是为了关注和了解中国的发展。

六、中国产品形象

本调查通过对哈萨克斯坦国民的访谈得知他们接触的中国产品种类比较丰富，对中国产品的品质、技术水平和价格等方面有着不同的评价，甚至差异很大，有的人认为中国产品"物美价廉"，有的人则认为提起中国货就能想起"伪劣滥造"。为进一步了解哈萨克斯坦国民对中国产品的客观评价，本调查分正负两面进行分析，要求被访问者对中国产品品质、技术水平和价格做出评价。见图3。

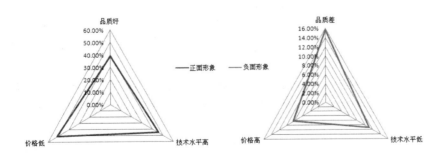

图3 被访问者心目中的中国商品正、负面形象

图 3 数据显示，38.9% 的被访问者认为中国产品"品质好"，45.8% 的被访问者认为中国产品"技术水平高"，51.4% 的被访问者认为中国商品"价格低"。同时，15.6% 的被访问者认为中国产品"品质差"，11.1% 的被访问者认为中国产品"技术水平低"，8.3% 的被访问者认为中国产品"价格高"。

以上二者数据显示大多数被访者对中国产品给予了正面的评价。目前越来越多的中国产品进入哈萨克斯坦市场，但是因为自主品牌较少，或者品牌效应很弱，很多中国品牌产品还没有引起哈萨克斯坦国民注意。调查中发现，被访者了解的中国品牌很有限，仅仅不到 10% 的被访者知道以下产品，如服装类的"美特斯·邦威""衣讯""李宁"；电器类"海尔""联想"；手机产品"中兴""华为"；网络软件"QQ""微信""淘宝"等。

七、中哈关系

本项调查数据显示 51.4% 的被访者认为中哈关系非常友好，31.9% 认为中哈关系睦邻友好，6.9% 认为中哈关系一般，4.2% 认为两国关系冷淡，2.8% 认为两国关系紧张，2.8% 表示很难回答。以上数据呈现出中哈两国关系积极正面向上形象。同时，本调查为了更深入预测和控制相关影响中哈两国关系的因素，还做了"影响中哈关系的有利因素和不利因素"的调查，数据显示 43.1% 被访者认为"人文交流"为最有利因素，其次 33.3% 被访问者认为"经济合作"也是有利因素；同时，也有 58.9% 的被访者认为妨碍中哈关系的因素之一是"哈萨克斯坦与中国的经济摩擦"。这充分表明哈萨克斯坦国民发自内心希望与中国加强人文交流和经济合作的美好愿景。

八、中国人的形象

中国与哈萨克斯坦毗邻而居，山水相连，相互间友好交往的历史源远流长。今天走进哈萨克斯坦国民心目中的中国人越来越多，被访者对中国人形象的整体评价见图 4。

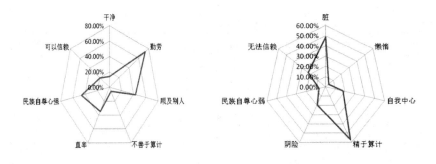

图4 被访问者心目中中国人的正、负面形象

以上数据显示,多项选择中"勤劳"(73.6%)、"民族自尊心强"(45.8%)、"顾及别人"(43.1%)的中国人正面形象在被访者心目中认同度最高。同时,多项选择中"精于算计"(56.9%)、"不讲究"(48.6%)、"无法信赖"(22.2%)的中国人负面形象呈现在被访者心目中。

九、孔子学院形象

孔子学院已经成为促进中哈人文交流的有效载体和增进中哈人民友谊的重要平台,成为联通"中国梦"与"哈萨克斯坦梦"、"世界梦"的纽带。目前哈萨克斯坦有四所孔子学院,分别是2005年在阿斯塔纳由西安外国语大学负责建立的哈萨克斯坦欧亚大学孔子学院、2009年在阿拉木图由兰州大学负责建立的阿里-法拉比哈萨克斯坦民族大学孔子学院、2009年在阿克托别由新疆财经大学负责建立的阿克托别师范学院孔子学院和2012年在卡拉干达由石河子大学负责建立的卡拉干达技术大学孔子学院。被访者心目中孔子学院的形象见表6。

表6 被访者心目中的孔子学院(单位:%)

序号	选项	百分比
1	没听过,不知道	4.2
2	知道,但不了解	15.4
3	了解不多,知道那里可以学汉语	13.4
4	从广播电视、报纸杂志上看到相关的报道,认为很有趣	11.4
5	孔子学院是非常好的汉语学习场所,我很向往去那里学习汉语	41.7

序号	选项	百分比
6	其他	13.9

以上数据显示，41.7%的被访问者希望去孔子学院学习汉语，说明对孔院比较了解，但近60%被访者只是知道孔院，但具体内容不了解。随着中国经济文化发展的推动，目前孔子学院作为世界各国人民了解中国和中国文化走向世界的窗口及平台，对中国文化海外传播与中国海外形象建构的作用与功能日益凸显。我们需要充分利用好孔子学院汉语教学的平台作用，实现语言及文化双向交流及学习的目的，加大孔子学院在哈国的宣传力度，使其真正发展为以加强中哈两国沟通、交流、理解为目的的语言文化培养之地。

十、哈萨克斯坦国民眼中的华人华侨形象

近现代在新疆居住的哈萨克族人在中哈之间的不断迁徙来往进而形成了带有华人华侨特征的哈萨克跨国民族。新疆与哈萨克斯坦两地哈萨克人不断来往，进行交流。20世纪60年代初期至90年代中期后，中国一部分哈萨克人移民至中亚国家，尤其是哈萨克斯坦。本文所要论述的哈萨克族华侨华人就是移民到哈萨克斯坦的、原中国籍哈萨克族移民，或者在哈国暂时定居、尚未取得哈国国籍的哈萨克族人。他们与新疆有着广泛的亲情联系。他们往往以侨属、侨眷身份参加当地侨联组织。

2010年的统计数据显示，全世界哈萨克人约1500万人，分别居住在28个国家，依据2009年和2010年的统计，哈萨克斯坦有1009.68万哈萨克人，中国有148万人。其中11万哈萨克族人是因为当年苏联规定的1912年之前未到苏联定居的哈萨克人一律加入中国国籍政策而定居中国的。除此之外，少数哈萨克人居住在乌兹别克斯坦、俄罗斯、蒙古等各个国家。目前，居住在哈萨克斯坦境外的哈萨克族人总共有450万人，分布在40个国家和地区。

近年来，从我国新疆迁居到哈萨克斯坦的哈萨克族人，逐步融入哈国社会，并得到哈国国籍，成为拥有双重身份双重国籍的人。他们在哈国寻找生活之路，有的从事牧业，有的读书，有的经商，有的打工挣钱，有的在自主创业。在哈

萨克斯坦社会中，来自中国的哈萨克族侨民有比较重要的社会地位。第一，来自中国的哈萨克族与哈萨克斯坦主体民族哈萨克族是同源民族，是增加哈萨克斯坦主体民族人口的主要力量；第二，对哈萨克斯坦这样一个地域宽阔，人口稀少，而且迫切需要发展的年轻国家来说，哈萨克族华侨华人也在一定程度上解决了哈萨克斯坦劳动力缺乏的现实问题；第三，与深受俄罗斯文化影响的哈萨克斯坦哈萨克族人相比，这些从中国搬来的哈萨克族人的民族文化习俗方面保留得较完整，因此在寻找民族文化特性，加强民族文化建设方面，移民哈萨克斯坦的哈萨克族华侨也会起到一定传播传承哈萨克族传统文化的作用；第四，在哈国的哈萨克族华人，不仅与哈萨克斯坦的哈萨克族人是同源民族，也与我国新疆哈萨克族人有着亲缘关系，因此，哈萨克族华侨在中哈关系中，尤其在中哈经济文化交流方面有着独特的作用。

2015年5—7月，围绕中国哈萨克族移民哈萨克斯坦的原因、对劳动力市场的影响、移民哈萨克斯坦后的生活、工作前景、文化传承、传统与现代社会和经济生活的态度等方面展开调查。调查对象主要针对18岁以上的哈萨克斯坦城市公民，采用问卷发放的形式，发放问卷200份，收回188份，有效问卷188份。由前往哈萨克斯坦的国家公派汉语教师和汉语教师志愿者在阿斯塔纳、阿拉木图、东哈州、阿克纠宾等调查点进行问卷调查。

通过调查可以发现，哈萨克斯坦华侨自身的形象及其对中国国家形象的认知将影响到中国的外交与形象。调查数据反映，哈萨克族华侨对哈国社会发展有一定贡献率：哈国的哈萨克族华侨中73%的人认为自己在哈萨克斯坦的人口增量上做出了贡献，56%的人认为贡献在于贸易上，认为自己在哈国劳动力和经济发展上做出贡献的各占45%，在农业发展方面做出贡献的占17%。

针对哈萨克斯坦普通民众的调查显示，68%被调查者认为，在他们的城市里有中国来的哈萨克族移民。目前大多数分布在阿拉木图、北方地区，少部分在西部和南部地区。

关于中国哈萨克族华侨迁居哈萨克斯坦的原因。57%的被调查者认为工作是主要原因、49%认为是贸易，6%认为是婚姻，8%认为是购房，4%则认为他们是为了获得哈国国籍。

在哈萨克斯坦国民对中国哈萨克族移民的态度方面，55%被访者持无所谓的态度，26%的被访者持友好态度，19%被访者持不友好态度。持友好态度的从地域来看主要集中在阿拉木图，持无所谓和友好态度的从年龄来看主要是18—29岁的青年。

哈萨克斯坦对中国哈萨克族移民带来的中国文化的认知调查。3%被调查者喜欢中国的语言和书法、8%喜欢中国文学，10%赞赏中国人的勤劳精神、9%喜欢中国绘画，15%喜欢中国的传统习俗，16%喜欢中国历史，39%希望了解中国的现代社会发展情况。有10.2%的被调查者比较熟悉中国的文化、历史、风俗习惯和传统的中国人民，32.0%的被调查者比较熟悉中国的体育，这部分人群主要分布在18—25岁年龄段。

哈萨克斯坦国民对中国哈萨克族移民对哈国劳动力市场的影响调查。7%的被调查者认为，中国哈萨克族华侨对哈国劳动力市场有积极影响，因为哈国没有足够的工人和专业人员；24%的被调查者来自中国的哈萨克族人会给哈国劳动力市场带来消极影响，因为他们将很快给劳动力市场带来严重的竞争；44%的被调查者指出，中国哈萨克族移民在某种程度上影响了哈国的劳动市场；25%的被调查者认为，中国哈萨克族移民没有影响哈国劳动力市场。

哈萨克斯坦国民对中国哈萨克族移民在未来增加率的调查。67%的被调查者认为，中国哈萨克族移民在未来5—10年将会不断增加。28%被调查者认为，移民速度会保持目前的水平，5%被调查者认为将会逐渐减少，因为中国的崛起和中国政府的各种民生政策更吸引人。

第三节　问卷调查的结论与启示

在调查中，一个"充满活力、不断发展、有创新力、规模大、成长迅速、潜力大、文化积淀深厚、历史悠久"等等积极向上的"中国崛起""中国影响力""中国传统文化"的正面形象更多地出现在哈萨克斯坦国民心目中，这充分说明随着中哈关系的快速发展，各领域合作的全面推进，两国间纵横交错的公路铁路、油气管道、贸易交往、通信网络、人文交流等互联互通已初具规模，为双方战略合作奠定的坚实基础，创造的良好条件带来的巨大影响。同时，"中

国企业会影响和冲击哈萨克斯坦经济""中国产品质量差""中国人不讲究很自
负不可信"等负面的中国形象也出现在被访者心目中。首先这和被访者获得中
国形象的信息来源主要来自互联网和周围的中国人或哈国人有关,因为互联网
上的信息鱼龙混杂,有好有坏,更重要的是受西方媒体"中国威胁论""妖魔化
中国"的渲染鼓吹而损毁中国的形象,其次周围中国人或哈国人介绍的中国,
是没有充分的知识储备来判断真实性的随口介绍,众口不一、随口而说、道听
途说的现象多有存在。这些都反映出中国形象在哈萨克斯坦乃至中亚各国传播
的路径、深度和内容都存在一些明显的不足。为此,本文认为应从以下方面加
强中国形象的传播和塑造。

一、加强中哈媒体宣传合作,创新文化产品,促进民心相通

哈萨克斯坦国民非常想了解今天全面、真实的中国,但了解渠道大多以传
播者自身出发,带有较强的自身所需色彩。所以,首先应加强中国媒体和哈萨
克斯坦媒体的合作,着力打造针对哈萨克斯坦的语种媒体;其次在与哈萨克斯
坦媒体合作的基础上,创新出符合今天中国的国情、新疆的区情、"丝绸之路经
济带"建设与发展的文化产品,采用更容易让哈萨克斯坦国民接受的民间文化
的交流方式,注重中国文化的"传统核心"对接"时代气质"。

二、加快孔子学院传播中国文化,扩大中国影响力的步伐

语言和文化之间有着相互依存、密不可分的关系,语言的推广对文化传播
有巨大的推进作用。孔子学院以汉语教学为渠道推动中华文化走向世界,让世
界各国人民更直接地接触中华文化,更及时更有效地了解中华文化。目前哈萨
克斯坦四所孔子学院不仅是哈萨克斯坦汉语教学推广基地,同时也是哈萨克斯
坦国民了解中国的窗口,是促进中国与世界各国交流合作的平台,也为中国的
文化外交提供了良好的平台。本文调查数据显示,哈萨克斯坦孔子学院的宣传
力度还不够,还未真正起到哈萨克斯坦国民了解中国形象的平台作用,我们应
加快孔子学院建设步伐,加大汉语国际教育如何教好汉语的同时,在教材及教
学内容中能更好地讲述好丰富多彩的中国故事,传播好真实客观的中国形象,
培养出更多"知华、友华、亲华"的哈萨克斯坦朋友,为中国走向世界共同

努力。

三、加强中哈两国青年群体人文交流合作，培养塑造中国新形象

新疆与哈萨克斯坦拥有很多相近的文化元素，在风俗习惯、宗教信仰、语言等多个方面都具有相似性，这为两地间开展文化交流提供了很好的平台。目前来中国、新疆的哈国留学生占据中亚国家留学生人数第一，他们积极参加中国亚欧博览会等大型国际活动，很多哈国的汉语学习者进入中资企业工作，与中国人联姻；而很多汉语国教育专业的学生也走进哈国担任国家公派汉语教师及志愿者，与哈国年轻人交朋友，互帮互学。我们应通过发展文化旅游、学术交流、教育合作、音乐美术等产业，加大两国青年群体间人文交流合作，完善双方高层次科研及高水平青年人才合作培养的规模和深度，从而实现民心相通、赢得彼此信任。

四、通过迁居哈国的哈萨克族华侨，促进经济文化交流

中亚各国的新移民不仅对中国的国家形象认知以及"一带一路"发展战略中民心相通的促进，而且在维护和优化中国形象以及为中国及"一带一路"发展建言献策等方面发挥着重要的作用。作为国际移民从一踏进接受国伊始，他所代表的不仅仅是个体的形象，更是整个迁出国的国家形象。移民给予接受国国民以直接的感性认知迁出国的机会，移民个体和群体通过自己的言行举止向接受国的国民传递着与迁出国的国家形象相关的信息。新移民身上所附带的文化传统、风俗习惯、行为方式也会给接受国原有的文化结构带来一定程度的影响，特别是哈萨克族新移民在居住国为谋生和发展所采取的社会经济行为，则影响到居住国的生存资源环境。移民还影响到迁入国对迁出国的整体认知，而这种认知在很大程度上来自于其对迁出国的言语描述及互动，新移民更多是借助跨国专业性社团和新媒体等渠道联动中国社会。可见，"一带一路"沿线国家华侨新移民在居住国的努力及其公众形象，尤其是该群体对中国的形象认知，无疑成为中国在和平崛起进程中建构良好国家形象的影响因素。所以，了解新移民的对现代中国的形象认知及其表现，有助于中国在崛起进程中把握和设计好必要的国家形象战略。

充分发挥哈萨克族华侨华人的特殊作用。充分运用各种具有创新和突破的途径和方式对外传播和展现一个国家的形象,尽最大可能地减少哈国对我国的各种不良偏见与误解,积累与哈国的互信,为中哈两国间的关系发展打下更坚实的民间根基。让哈国国家公民切实体会到中国的和平共处的理念,增强中国的国际影响力。在中国与哈萨克斯坦开展中哈交流合作中,哈萨克族作为中国同哈萨克斯坦跨国民族,应尽可能真实地展现中国的友好,树立良好的中国国家形象,能够成为中国对哈萨克斯坦进行公共外交的桥梁。与此同时,我国在不断增强与哈国居住的哈萨克族华侨的联系,通过举行大型有关哈萨克族华侨的联谊活动,不断加深他们对中国的信任与感情。让哈萨克族华侨更多地了解近几年来中国的政治,经济,外交政策。通过他们来推动中国与哈萨克斯坦公共外交的开展,让更多的哈萨克斯坦公民了解中国的政策,国情。

调整工作思路,充分挖掘及培养桥梁纽带人才,加强在哈华人华侨精英队伍建设。应改变以往单一依靠亲缘、地缘关系做侨务的工作方式,采取"招商"和"引智"相结合的方法,不仅依靠"侨资"作为公益事业建设的"资金来源",同时还要发挥哈萨克族华侨的人才资源优势,组建类似于专家顾问团形式的组织,重点吸纳在哈萨克斯坦的华侨华人各界精英,尤其是新生代精英,为政府职能转变、企业管理创新、产业结构调整、教科文卫等各项事业全面发展提供动力支撑和人才支持。

加大中国国情的宣传范围和力度,讲好"一带一路"战略实施的政策和故事。中国在侨务工作方面,强化各级侨办,侨联的工作职责,关心哈萨克族华侨在哈萨克斯坦的生活状况,为身处在哈国的哈萨克族华侨着想,协调有关部门为他们回中国探亲访友、就业创业搞好服务。

建立新型工业园区,支持哈萨克族华侨新生代返乡创业。政府应加大在"一带一路"核心区新疆建立新型工业园区,支持哈萨克族华侨新生代返乡创业。利用建设"一带一路"的机遇,抓住时机、主动推介,及时了解和化解他们返乡投资的一些疑虑,建立适合他们的工业园区,做出特色和影响,吸引更多创业人员的注意,充分调动哈萨克族华侨新生代参与的积极性,努力实现互惠双赢。

建立完善在哈华侨的专门档案,加强在哈华侨队伍建设。应该对哈萨克族华侨这一群体实施监理专门档案的措施，为哈萨克族华侨在哈萨克斯坦的社团组织，在哈萨克斯坦就读的哈萨克族华侨学生，企事业人员，新生代哈萨克族华侨华人建立专门档案，加强研究实地调查，了解他们在哈萨克斯坦的最新情况，探索一条符合中国公共外交实际，发挥哈萨克族华侨华人推动中国文化"走出去"的新路径，并通过在哈萨克斯坦举办哈萨克族华侨华人联欢晚会、节庆活动、演出等方式增强他们的凝聚力，为他们提供机会关注祖籍国发展，关心新疆发展，进而为中国与哈萨克斯坦间的沟通架设交流桥梁。

第四章

"一带一路"沿线国家哈萨克斯坦国民眼中的"丝绸之路经济带"

哈萨克斯坦作为"一带一路"上的重要战略支点国家，战略支点作用非常明显，哈萨克斯坦有国土200多万平方公里，以其为支点，"一带一路"发展倡议获得了纵横捭阖的空间，不仅横贯东西，还能实现南北连接。也正是认识到哈萨克斯坦的战略重要性，中国领导人习近平选择在此国家提出"一带一路"发展倡议。"一带一路"倡议能否顺利实施，不仅需要沿线国家的积极响应，也离不开域外国家，尤其是域外关键大国的理解和支持。作为塑造中国周边环境最为重要的外部因素之一，哈萨克斯坦对"一带一路"倡议的认知和反应无疑至关重要。

第一节　对"丝绸之路经济带"的认知调查结果与分析

2000多年前，我们的祖先开辟了贯穿亚欧大陆的丝绸之路，架起了东西方交往的桥梁。千百年来，各国人民将东西方的文明交错融汇，共同谱写出千古传诵的友好篇章。今天，丝绸之路迎来全新的"黄金时代"，蓬勃复兴。如何实现复兴"丝绸之路经济带"，习主席提出了"政策沟通、道路联通、贸易畅通、货币流通、民心相通"的"五通"发展思路，并强调构建"丝绸之路经济带"不可能一蹴而就，应以点带面，从线到片，逐步形成区域大合作。两千多年的交往历史证明，只要坚持团结互信、平等互利、包容互鉴、合作共赢，不同种族、不同信仰、不同文化背景的国家完全可以共享和平，共同发展。这是古丝绸之路留给我们的宝贵启示。在构建"丝绸之路经济带"的进程中，我们要深入挖掘古代丝绸之路的历史价值和历史意义，将包容互鉴，互利合作的古老历史价值观重现于21世纪欧亚大陆战略空间，形成共同互利和共享发展成果的新的合作模式。目前，中亚国家对构建新丝绸之路经济带的社会认知现状还是空白，如中亚国家是如何认识复兴"丝绸之路经济带"的现代色彩和意义的？对我们提出的"五通"共建模式是如何认识的？是否认识到经济带会给双方带来互利共赢的发展未来？凡此问题，我们缺乏相应的了解。我们应充分认识到，"丝绸之路经济带"的建设和发展，需要整个经济带上的国家和地区共同携手参与构建。如果具体实施方案不能使带上其他国家全面、客观认知，就会导致"他国"共同携手的社会群众基础不稳，共同建设的热情不高，从而推迟或减慢经济带建设和发展的速度，影响目标的实现。鉴于此，本研究采用问卷调查及访谈的方法，以中亚国家政府官员、学者专家等为调查对象，就对丝绸之路经济带"怎么看、怎么干"等调查主题展开调查，以期了解中亚国家国民心目中对丝绸之路经济带的认知，为"丝绸之路经济带"建设和发展提供一手资料，为政府制定方针政策提供科学依据，为调动中亚国家支持和参与共建丝绸之路经济带的积极性提供建议，也为预测和控制相关影响和保证国家安全稳定提供咨政建议。

一、哈萨克斯坦国民对"丝绸之路经济带"认知的第一次调查

（一）调查设计

2013年10—12月，本研究采用了向中亚五国政府官员等群体发放问卷和访谈中国及中亚专家学者的方法。

1. 问卷调查

调查问卷的语言为俄文版，主要由在哈国任职的国家公派教师完成调查任务，发放问卷共400份，收回有效问卷314份。调查对象男女比例为38.5：61.5；年龄48岁以上占9.8%，37—47岁的占23.3%，26—36岁的占14.3%，18—25岁的占52.2%；学历为博士的占6.7%，硕士占27.1%，学士占51.6%，其他占14.5%；其他具体情况见表1。

表1 丝绸之路经济带问卷发放人群概况

国家 行业	哈萨克斯坦
国家政府官员	15
大学教师学者	50
商人	30
医生、演员	15
研究生、大学生	180
无固定职业者	12
其他	12
问卷总数	314

以上数据显示，被调查者年龄37岁以上占33%，表明这部分问卷主要来自当地学校大学生的家人群体和大学教师群体，从年龄和职业看，属于关心国家大事的群体。较多调查者是研究生和大学生群体，这部分群体分中亚国家在读的大学生和在新疆师范大学和新疆财经大学在读的留学研究生和大学生（本科生30名、研究生45），留学大学生和研究生主要专业为经济商贸金融类占42.7%，汉语言类占57.3%，学习汉语时间4年以上者占53.3%，2—3年的占41.4%，HSK水平高级21.3%，中级70.7%，来中国4年以上的占40%，2—3年的占41.3%，这部分群体已成为中国与中亚战略发展的友好桥梁，是将来丝绸之路经济带建设的新生力量，不可忽视。

2. 访谈调查

本研究利用新疆财经大学2014年1月6—8日举办"第三届中亚经贸合作暨汉语国际教育研讨会"时机，对前来参会的中亚国家代表以及中国内地及新疆省内的专家学者共计8人进行了访谈。

（二）调查结果分析

1. 问卷调查

（1）是否知道和从何处知道"丝绸之路经济带"的？

2013年9月国家主席习近平访问哈萨克斯坦时提出了以创新合作模式加强

政策沟通、道路联通、贸易畅通，共建丝绸之路的倡议。问卷调查结果显示只知道丝绸之路经济带名称的占 91.1% ，了解途径见图 1。

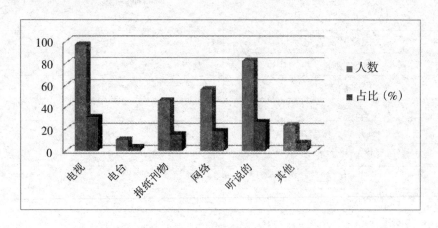

图 1　了解"丝绸之路经济带"的途径调查概况

上图示结果显示，了解信息的媒体途径首先是电视，其次是网络，第三是报纸刊物，最后是电台，此结果基本符合目前大众了解信息的途径来源。但是在选择何时、何人、何地提出"丝绸之路经济带"的选项时，只有 52.5% 调查者选择了正确答案，这表明调查者仅仅是听说，而对"丝绸之路经济带"具体事项一无所知。尤其是听说的还占 26.1% ，可能存在道听途说的情况。

（2）如何看待"丝绸之路经济带"？

此选项调查数据显示仅有 41.2% 调查者选择"丝绸之路经济带"是中国与中亚国家共同建设的经济带，其中大部分是来自哈国的年龄较大群体；40.4%选择"丝绸之路经济带"是中国自己建设的或和我无关的经济带；18.4% 选择不清楚。表明近 60% 调查者不认同或不清楚"丝绸之路经济带"是需要整个经济带上的国家和地区共同携手构建的。而对"丝绸之路经济带"的态度见图 2。

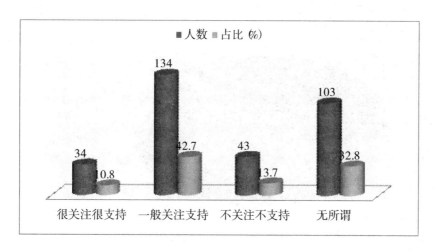

图2 中亚国家对"丝绸之路经济带"的态度

　　以上数据显示一般关注和不关注无所谓各占40%多，仅有11%很关注。丝绸之路新经济带建设已上升为中国国家战略，重振经济带的话题在国内也炙手可热。但在中亚五国遇冷，国内国外的关注度出现较大的反差。这表明经济带上民心相通的工作急需加强。我们应该更为深入地思考如何有效地实现言语行为主体间的互动，让我们所说的能够被国际社会听到、听清、听懂。我们应当充分意识到，越是重大的事情，越是要及时发出自己的声音，要积极利用各类语言教学平台、媒体、网络平台，不仅面向国内公众，也面向外国民众，有效地将我们的话语传达到国际社会受众的耳中。

　　（3）对"丝绸之路经济带"发展价值、发展模式、意义的认知

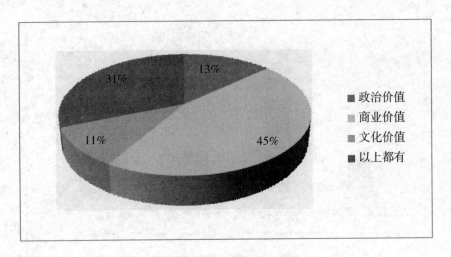

图3 中亚国家对丝绸之路经济带"的发展价值

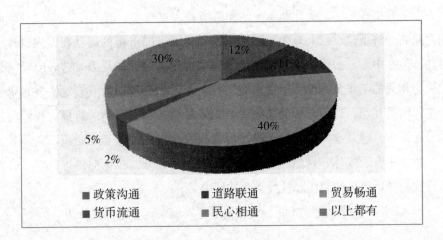

图4 中亚国家对丝绸之路经济带"的发展模式

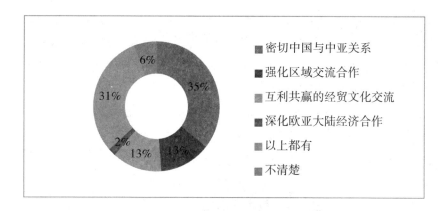

图5 中亚国家对丝绸之路经济带"的意义

以上数据显示,发展价值选项中商业价值占比最大,其次是政治、商业、文化价值都具有。古丝绸之路是古代中国通过西域向西方延伸的一个商道,它的商业价值、文化价值、政治价值都非常重要。从古到今,丝绸之路一直为中国、中亚以及欧洲提供了一个非常良好的交流合作平台。在这个平台上,我们不仅可以进行经济合作,而且可以进行科技、教育、文化的合作。建设丝绸之路经济带重在创新合作,绝不是重走或是沿袭老路。当代丝绸之路,应成为经济之路、文化之路、友谊之路、富民之路。而文化交流可以促进民心相通,是对政治、经济发展的有效支撑。

丝绸之路经济带"五通"创新发展模式的调查数据显示,"贸易联通"占比最大,其次是"五通"模式都应该有,占比最少的是"货币流通"。这表明古丝绸之路这条贸易之路为促进不同民族、不同文化的相互交流,推动不同国家、不同城市的互通有无,为亚洲大陆的繁荣和文明进步做出的重要贡献。今天建设丝绸之路的经济带,核心是经济发展,也是提出丝绸之路经济带的倡议的基本目标,要在打通欧洲经济圈和亚太经济圈的过程,带动国家的发展,要通过加大对中亚的交通、能源、制造业、服务业、农业、新能源、高科技等领域的投资合作,为古老的中亚大地注入新的生机和活力。

调查者对"丝绸之路经济带"的发展意义认知显示近40%认为能密切双方关系,但仅有12%调查者认为能给双方带来互利共赢的经济贸易发展前景。而构建此经济带,是以沿经济带各国人民利益为核心,实现共同发展、共同富裕。

这表明，形成经济带上国家你中有我我中有你，利益交融，合作共赢的综合一体发展空间的民心相通建构还未达到，急需加强。否则，会导致"他国"共同携手的社会群众基础不稳，共同建设的热情不高，从而推迟或减慢经济带建设和发展的速度，影响目标的实现。

（4）如何看待"丝绸之路经济带"的发展规模和速度？

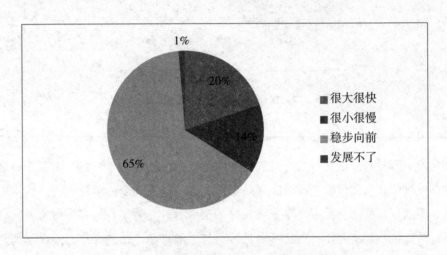

图6　"丝绸之路经济带"发展规模和速度调查情况

以上数据显示，60%多调查者选择稳步向前，表明了大家希望经济带持续发展的愿望。目前此经济带有多个民族散布其间，多种文化共生共存，还存在一些风险和挑战，个别国家政局不稳，基础设施落后，投资贸易法规还不健全。在这种情况下，加强区域内各国和地区的沟通交流成为当务之急。因为构建"丝绸之路经济带"不可能一蹴而就，应该让大家都认识到经济带应以点带面，从线到片，逐步形成区域大合作的发展思路。

2. 访谈调查

被访者哈萨克斯坦女子师范大学人文科技学院副院长、教授 MASSYROVA-RIMMA 认为哈萨克斯坦国民非常关注和肯定中国的现状，认为中国现在就如同猛虎出笼，势不可挡。她提出来了汉语－货币－商品的新理论，如果想在一个国家生活或者与这个国家展开合作，就必须掌握该国家的语言，我们学习汉语，更加关注中国的文化，建设"丝绸之路经济带"会带来巨大的好处，历史也向我们证明了这一点，所以我非常支持建设"丝绸之路经济带"，对"五通"模式，不太了解，这是中国专家提出来的。

Tuoken 教授认为：中国与哈萨克斯坦虽为邻邦，但在相互了解方面是非常缺乏的，近几年受西方媒体"中国威胁论"的影响是比较大的，所以加强"丝绸之路经济带"人文交流，首先实现民心相通非常关键。当然，当时的调查是"丝绸之路经济带"提出几个月后，调查数据应有陌生性影响，但是，提醒我们应加大加快"丝绸之路经济带"各方宣传及合作交流工作的步伐。

其他被访者均认为"丝绸之路经济带"政治、商业、文化等价值都有。但一定要关注文化价值，加大进一步深化文化交流的步伐。

二、哈萨克斯坦国民对"丝绸之路经济带"认知的第二、三次调查

2014 年 350 份同样内容的问卷结果显示，70% 被调查者认为"丝绸之路经济带"具有重大的发展意义，它将会连接带上众多国家，实现互利共赢。尤其是来中国的哈国留学生，85% 被调查者对"丝绸之路经济带"表现出极大的热情，决心学好汉语，将来积极参加"丝绸之路经济带"研究及相关工作，并要求孔子学院、高校及任课教师能及时将"丝绸之路经济带"的相关信息传播给他们。被访者哈国商人 ShuryginKirill 认为：最关注"丝绸之路经济带"贸易畅通方面。通过消除贸易逆差，提高区域操作的速度和质量，促进贸易和投资成本的发展。中国在运输方面如公路基础设施建设方面创造新的就业机会，扩大贸易潜力，发展贸易关系，从而稳定货币。哈萨克斯坦可以积极支持中国的贸易政策，相互合作，凝聚国家力量实现目标。

2015 年我们主要开展对哈国学者、大学教授及商人的访谈。被访者哈国阿克托别拜什甫大学教授 AsetXalimbek 认为：我非常关注"丝绸之路经济带"的新闻，主要通过电视新闻了解，三年来，哈国新闻中有关"丝绸之路经济带"的内容越来越多，越来越全面和完善了，大家平时交流中最关注贸易畅通和民心相通。因为贸易畅通合作对于人民生活水平的提高起着重要的作用，民心相通便于大家更多的了解和参与这个工程。

被访者哈国阿克托别拜什甫大学研究员 SabirovaNagima 认为：我主要通过网络了解"丝绸之路经济带"的信息。这三年，有关的信息太多了，说明该工程

发展很快，本人最关注民心相通，因为民心安，国家才安。

被访者中石化国际勘探开发公司分公司 AbudollaulyAidolla 认为：作为外企经理，我非常关注"丝绸之路经济带"，主要通过电视新闻了解，现在有关此项新闻报道，既深入又全面，西方媒体的负面报道少多了，说明中国外宣工作有进步了，本人最关注贸易畅通。因为在公司工作，并且在中资公司工作，关注贸易业务更多一些。"丝绸之路经济带"为发展贸易提供了便利，使得中国与欧洲、中亚国家等互通往来，为贸易流通开展了更为广阔的空间。

三、来疆高校的哈萨克斯坦留学生眼中的中国文化和"一带一路"

近几年来，处于"一带一路"核心区的新疆吸引越来越多中亚留学生前来留学。近 5 年来，新疆高校留学生总量基本在 5000 至 6000 名，这些留学生主要来自中亚地区，少部分来自欧美日韩地区。新疆地区祖国边陲，古丝绸之路的中心地带，有很好的地缘优势和人文优势，因此新疆在留学生教育方面有很大吸引力，离家距离近、生活成本低、习俗和语言相近、清真饮食方便，加之近年来新疆高校教育水平不断提高，越来越多的中亚及周边国家的青少年将新疆确定为来华留学的首选目的地。与此同时，随着"一带一路"战略的推进，新疆外向型企业对国外人才的需求逐渐扩大，亦成为新疆吸引中亚及其周边国家和地区留学生的重要原因。中国提倡的"一带一路"战略带动中亚国家与新疆的经贸往来日趋频繁，使得中亚企业急需汉语翻译人才，越来越多中亚留学生把学好汉语视为通向"金饭碗"的最佳路径之一。新疆作为丝绸之路文化教育中心的地位逐渐凸显。近年来，来自中亚及周边国家的留学生在疆留学呈逐年增长态势。据相关数据，截至去年年底，新疆高校在俄罗斯、吉尔吉斯斯坦、哈萨克斯坦、巴基斯坦等 6 个国家设立了 9 所孔子学院，下设 25 所孔子课堂和 75 个分支教学点，注册学院人数达 3.6 万余人，参与汉语学习和体验活动达 12 万人次。教育部日前印发《推进共建"一带一路"教育行动》，提出中国将与"一带一路"沿线国家重点开展教育互联互通合作、开展人才培养培训合作、共建丝路合作机制，共享优质教育资源，全面推动各国教育提速发展。受"一带一路"战略的积极影响，在保持生源国范围稳定的基础上，"一带一路"沿线国家成为来华留学发力点。2015 年 202 个留学生生源国和地区中，前 10 位生源国格局稳中有变，韩国、印度、巴基斯坦和哈萨克斯坦四国生源数均有所增长，其中印度、巴基斯坦和哈萨克斯坦同比增长均超过 10%。来自亚洲和非洲的生源较上一年分别有 6.5% 和 19.47% 的增幅。中亚留学生将成为"一带一路"建设为中国与中亚国家合作的新生代，来自哈萨克斯坦的留学生在被访谈时说，今天明显感觉到，中国和哈萨克斯坦之间的交往、经贸互动日趋频繁，中石油、中石化、西部勘探等大型中国企业都到他的祖国去投资，也有越来越多来自祖国的企业来中国投资。这些外向型企业急需通晓哈萨克语和汉语的翻译，很多来新疆的中亚留学生对未来有着清晰的规划，大部分在新疆读完研究生后打算回国做翻译，以后有合适机会也会考虑做外贸生意。"未来不管是做翻译，还是经商，发展机会都会很大。中亚的留学生群体为"一带一路"战略的发展注入新的血液，在经济利益和个人发展作用下，该群体的中国认同及"一带一路"认知的新动向，使之在"一带一路"的发展进程同时产生一种积极参与的意识和行动。"留学生参与"一带一路"建设既得到了施展才华的机会，又能在中国与中亚的合作中起到积极的纽带与推动作用，更能促进民心相通。鉴于此，课题组展开来新疆高校的哈萨克斯坦留学生眼中的中国文化和"一带一路"的调查研究。

（一）调查对象及调查方法

课题组从中国文化印象板块、丝绸之路经济带板块、中国与中亚文化传播板块、专家访谈板块，针对哈萨克斯坦来新疆高校的留学生对"一带一路"发展中中国文化传播的认知现状展开调查。本次首先于2016 年 3—5 月，分别在新疆财经大学、新疆师范大学针对 100 名哈萨克斯坦留学生进行了问卷调查。共发放 100 份问卷，收回 100 份，有效问卷 100 份。其次 2016 年 6 月，分别在新疆财经大学、新疆师范大学对涉及"一带一路""五通"建设内容的 8 位专家及教授进行了访谈。

（二）调查过程及结果

本次调查对象男女性别所占比率分别为：男性 44%，女性为 56%；年龄主要分布在 20 至 24 岁之间，占到整体受调查人数的 64%；其次是 15 至 19 岁的青少年，占到整体受调查人数的 28%；人数最少的是 25 至 29 岁的青年；70% 受调查者学历为"大学本科"，占总数的 68%，其次是"高中"学历，占到总数的20%，学历为"硕士"者，占总数的8%，所占比例最小的是"初中以下"学历，仅占总数的4%；70%的受调查者，汉语水平为"中级"，占总数的68%，有20%的受调查者，汉语水平为"高级"，所占比重最小的是"初级"汉语水平，占总数的12%。

1. 问卷调查

1.1 哈萨克斯坦留学生眼中的中国文化

提起中国文化，印象最深的文化符号是什么，以及来中国多久了，来中国的主要目的是什么，通过哪些渠道接触的中国文化，参考对美国的文化了解程度对中国文化的了解程度予以选择，对中国的态度如何，感兴趣的中国文化、喜爱中国文化的原因、对在中亚建立孔院的看法等方面进行调查。

问卷的第一个问题是，您印象最深的中国文化符号有什么？问卷将中国文化元素分为"中国人物"、"中国哲学观念"、"中国艺术形态"、"中国自然资源"、"中国生活方式"、"中国人文资源"等6个类别，并在每个类别中分别设定了3个文化符号，通过6个类别共18个符号来考察受访者对于中国各类文化的印象程度。通过统计每个类别符号出现的总数，来推测哪些类别的中国文化在中亚国家的留学生中印象最深刻。

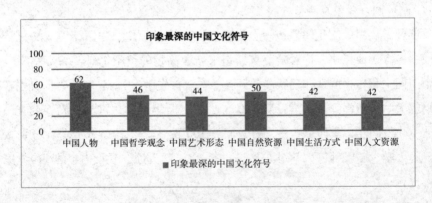

图1 印象最深的中国文化符号

根据以上数据显示，总体受调查者中，对"中国人物"类别的文化符号印象最深，其次是中国"自然资源"，往后依次是："中国哲学观念"、"中国艺术形态"、"中国生活方式"和"中国人文资源"。

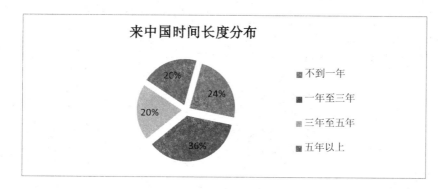

图2 来中国时间长度分布

根据以上数据显示，受调查者中在中国"一年至三年"的人数最多，占到总数的36%，其次是在中国"不到一年"的人数，占到总数的24%，在中国"三年至五年"和"五年以上"的受调查者在总数中所占比例一样，均为20%。

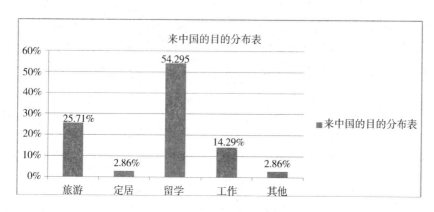

图3 来中国的目的分布表

根据以上数据显示，受调查者中，来中国主要目的为"留学"的人数超过总调查人数的一半，达到了54.29%；其次是"旅游"，占总调查人数的25.71%；再次是"工作"，占总调查人数的14.29%；最后来中国主要目的为"定居"和"其他"的比例最小，均占总调查人数的2.86%。

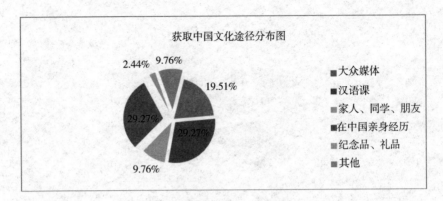

图4 获取中国文化途径分布图

根据图9显示，受调查者中，通过"汉语课"和"在中国亲身经历"获取中国文化的人数比例最高，均为29.27%，说明受调查者主要还是通过汉语课堂和生活体验来接触和感知中国文化；通过"大众媒体"是受调查者获得中国文化的又一条比较常用的途径，占到了受调查者总数的19.51%；通过"家人、同学、朋友"和"其他"途径获得中国文化的受调查者，占总数的比例相同，均9.76%，通过与他人交流获得中国文化也是一种较为常见的途径；占总数比例最小的获取中国文化的途径是"纪念品、礼品"，仅占到总数的2.44%。

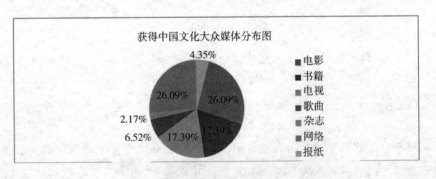

图5 获得中国文化大众媒体分布图

根据图10的数据显示，在大众媒体中获得中国文化的途径中，通过"电影"和"网络"获得中国文化的比例最高，均占到总数的26.09%，说明受调查者中的有近三分之一的人通过"电影"和"网络"来获得中国文化；通过

"书籍"和"电视"获得中国文化的比例排在第二位，均占到总数的 17.39%，通过"歌曲""报纸""杂志"获得中国文化的比例较小，分别占总数的 6.25%、4.35% 和 2.17%。

问卷要求受调查者在 0 至 100 分之间对中国文化的了解程度进行打分，并将中亚国民对美国文化的了解程度设定为 50 分，要求受调查对象以对美国文化的了解程度为基准对俄罗斯文化与中国文化的了解程度进行评分。为了方便此次调查结果的显示，本文采用计算平均分的方式得出评分结果。

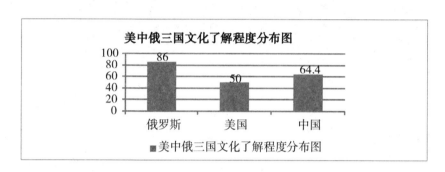

图 6　美中俄三国文化了解程度分布图

如上图 6，数据显示，整体受调查者对俄罗斯文化的了解程度最高，达到 86 分，其次是中国文化，了解程度达到了 64.4 分。由此可见，受调查者对中国文化的了解程度超过对美国文化的了解程度。

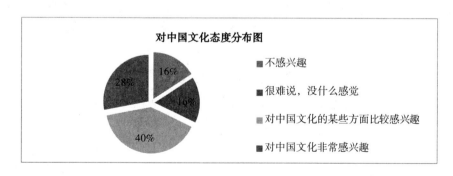

图 7　对中国文化态度分布图

图7的数据显示，有40%的受调查者"对中国文化的某些方面比较感兴趣"，28%的受调查者"对中国文化非常感兴趣"，受调查者中表示对中国文化"没什么感觉"和"不感兴趣"的比例均占到总数的16%。

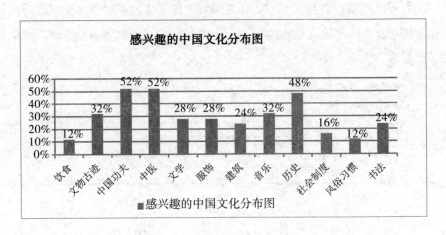

图8　感兴趣的中国文化分布图

以上数据显示，受调查者最感兴趣的中国文化为"中国功夫"和"中医"，均占到受调查者人数的52%，说明实用性较高的中国文化更受到受调查者的欢迎；其次是"历史"，占到受调查者人数的48%，由此可见，中国渊源已久的历史也受到调查者的欢迎；再次是"文物古迹"和"音乐"，均占受调查人数的32%；接着是"文学"和"服饰"，均占到受调查人数的28%；然后是"建筑"和"书法"，均占到受调查人数的24%；对"社会制度"感兴趣的人数比例占到总数的16%；所占比例最小的分别是"饮食"和"风俗习惯"，均占到受调查人数的12%。

为了更好地了解哈国留学生喜爱中国文化的原因，调查组进行了有关哈国留学生喜爱中国文化首要原因的调查，调查结果见图9。

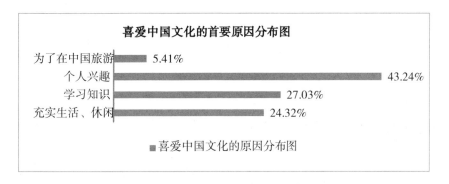

图9 喜爱中国文化的首要原因分布图

图9数据显示,有40%的受调查者喜爱中国文化的首因是出于"个人兴趣",占总数的43.24%;其次是为了"学习知识",占到总数的27.03%;选择"充实生活、休闲"为首因的受调查者,占总数的24.32%;而选择"为了在中国旅游"为首因的受调查者所占比例最小,仅占总数的5.41%。由此可见,大部分受调查者喜爱中国文化是出于个人兴趣,其次是学习中国文化知识和充实个人生活。

在本次问卷调查中,为了进一步调查哈国国民大众了解中国文化的人数情况,设置了关于在哈国了解中国文化人数情况的调查。

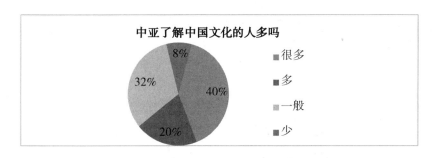

图10 哈萨克斯坦了解中国文化的人多吗

如上图10,根据统计数据显示,认为在哈国了解中国文化的人"很多"的受调查者所占比例最大,占到总数的40%;其次是认为在哈国了解中国文化的人数"一般",占到受调查者人数的32%;再次是认为在哈国了解中国文化的人数"多",占到受调查人数的20%;最后是认为在哈国了解中国文化的人数"少"的人,所占比例最小,仅占总调查人数的8%。

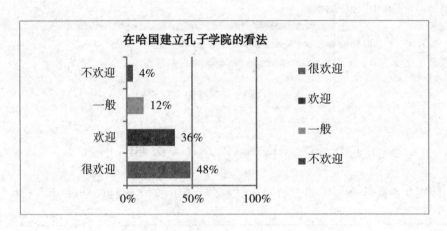

图11　对在哈国建立孔子学院的看法分布图

根据图11显示,有近一半的受调查者对在哈国建立孔子学院持"很欢迎"的态度,占到总数的48%;有超过三成的受调查者对在哈国建立孔子学院持"欢迎"态度,占到总数的36%;对在哈国建立孔子学院态度"一般"的受调查者,占到总数的12%;但是有4%的受调查者表示"不欢迎"在哈国建立孔子学院,是什么原因让这部分受调查者不欢迎在中亚建立孔子学院,调查组在问卷中关于中国文化走进哈国的看法进行了调查。

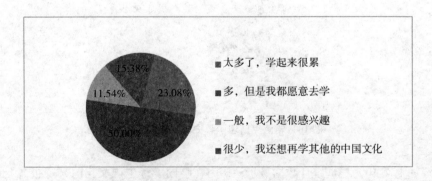

图12　对新疆高校开设中国文化课程的看法

根据图12显示，有半数的受调查者表示国教育学院开设的中国文化课程"多，但是都愿意学"，占总数的比例最大；表示国际教育学院开设的中国文化课程"太多了，学起来很累"的受调查者，占到总数的23.08%；有15.38%的受调查者认为国际教育学院开设的中国文化课程"很少，我还想学其他的中国文化"；表示国际教育学院开设的中国文化课"一般，不是很感兴趣"的受调查者所占总数的比例最小，仅占11.54%。由此可见，有73.08%的受调查者认为国际教育学院开设的中国文化课程多，而且存在11.54%的受调查者对国际教育学院开设的中国文化课不是很感兴趣。

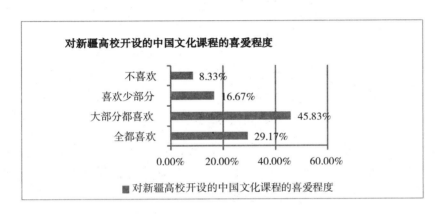

图13 对新疆高校开设中国文化课程的喜爱程度

通过图13显示，有45.83%的中亚留学生对国际教育学院开设的中国文化课程"大部分都喜欢"，占总数比例最高；其次，表示对国际教育学院开设的中国文化课程"全都喜欢"的人数占到29.17%；再次，表示"喜欢少部分"的国际教育学院开设的中国文化课程的人数占到16.67%；表示"不喜欢"国际教育学院开设的中国文化课程的人数所占总数的比例最小，仅占8.33%。由此可见，国际教育学院开设的中国文化课符合大部分中亚留学生的兴趣点。

1.2 哈萨克斯坦留学生眼中的"一带一路"

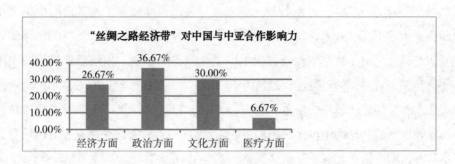

图12 "一带一路"对中国与中亚合作的影响力

根据图12显示，有超过三分之一的受调查者认为"丝绸之路经济带"对中国与中亚影响最大的是"政治方面"，占到总数的36.67%；其次是认为对"文化方面"影响最大，占总数的30%；再次是认为对"经济方面"的影响最大，占总数的26.67%；最后是"医疗方面"，仅占受调查者总数的6.67，所占比例最小。由此可见认为"丝绸之路经济带"对中国与中亚各国文化会产生重大影响的受调查者比重比预期高，甚至超过了认为"丝绸之路经济带"对中国与中亚各国"经济方面"影响最大的比重。

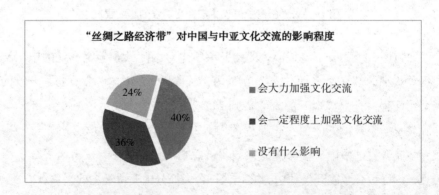

图13 "丝绸之路经济带"对中国与中亚文化交流的影响程度分布图

如上图13，根据统计数据显示，有40%受调查者认为"丝绸之路经济带"会大力加强中国与中亚文化交流，占总数比例最高；认为"丝绸之路经济带"

会在一定程度上加强中国与中亚文化交流程度的受调查者,占到总数的36%;剩下24%的调查者认为"丝绸之路经济带"对中国与中亚之间的文化交流不会产生什么影响。由此可见,有76%的受调查者认为"丝绸之路经济带"会加强中国与中亚各国之间的文化交流。

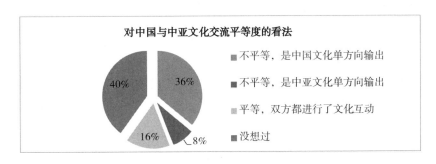

图14 对中国与中亚文化交流平等度的看法

根据图14显示,对中国与中亚文化交流平等度表示"没想过"的受调查者所占总数的比例最大,占40%;其余的受调查者中,有36%认为中国与中亚在文化交流中是"不平等的,中国文化的单方向输出",有16%的调查者认为中国与中亚的文化交流是"平等的,双方都进行了文化的互动",而表示在中国与中亚的文化交流中是"不平等的,是中亚文化单方向输出"的人仅占总数的8%。由此可见,认为中国与中亚文化交流不平等的人占到了多数,占总数的44%,而认为中国与中亚文化交流是平等的人数较少。

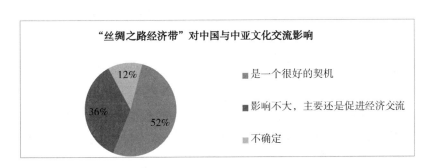

图15 关于"丝绸之路经济带"对中国与中亚文化交流影响的看法

如图 15，根据统计数据显示，有超过一半的受调查者认为"丝绸之路经济带"是中国与中亚的文化交流的一个很好的契机，占到总数的 52%；认为"丝绸之路经济带"对中国与中亚文化交流"影响不大，主要还是促进经济方面的交流"的人数，占到受调查者总数的 36%；而表示"不确定""丝绸之路经济带"对中国与中亚文化交流影响的人数，仅占到受调查者总数的 12%，所占比例最小。

2. 访谈专家结果

2.1 传统文化与当代文化传播

被访者 1（新疆师范大学教授）认为："我们现在一个是传播传统文化，另一个是传播当代文化，那要是再细分，就会是经济、政治、教育这些方面，是全方位的传播文化，全方位的传播中国的传统文化与当代文化。"

被访者 2（新疆财经大学传播学教授）认为："我们在选择文化内容的时候，一定要有一个范围去讨论中华文化，它的范围非常广，而且你的中华文化是以传统的中华文化为主，还是以我们现代的中华文化为主。"

被访者 3（新疆财经大学传播学教授）认为："我个人觉得，光去传播中国传统的文化也不是不行，可能会唤起中亚人民的历史记忆。我们现在主要还是传播着一些显性的文化，不是大众文化，较为小众，比如说中国的剪纸，它确实是中国文化的一部分。我们现在是不是也要去传播一些当代的文化，特别是改革开放后的文化。我们看到的中国文化还是再以传统文化在说，能表现现代中国文明的一些东西，是没有人总结出来呢还是真的没有成体系，不好去往外推。除了推介我们优秀的中国文化传统以外，是不是也可以结合一些能反映中国现代文化的一些东西。"

2.2 经贸、旅游文化传播

被访者 5（新疆财经大学国贸学院教授）认为："中亚国家人民对中国文化产品接受程度不高，他们对中国文化的了解程度还不够，这对他们对带有中国文化产品的接受程度是有影响的，他们接受不了中国的文化，也不会去接受中国文化的产品。"

被访者 6（新疆财经大学旅游学院教授）认为："在丝绸之路经济带中国与中亚的文化交流中都是选择一些突出的、典型的，能够代表民族精髓的内容传播，比如一些民风和民俗。"

2.3 媒体文化产品中的文化传播

被访者7（新疆师范大学教授）认为："媒体中还是以传播当代文化为主，媒体传播的是一种全方位的文化，比如说报纸、电视以传播当代文化为主；学术期刊就是在传播当代文化和传统文化。""中央台在中亚有落地的频道、新疆广播电视台在中亚也有落地的频道，哈萨克斯坦的经济水平在中亚较好，它的网络发展速度也比较快。但是很多哈萨克斯坦人，甚至是整个中亚国家的人，他们都比较崇拜美国，他们登录美国的网站、俄罗斯网站还是比较多一些，登录中国的网站的人就很少。"

2.4 孔子学院中的文化传播

被访者9（新疆财经大学教授）认为："孔子学院方面主要还是在传播中国的传统文化，开设的中国文化课有古筝、茶艺、诗歌朗诵、汉语文化知识竞赛、太极拳等，而且孔子学院会和当地企业、社区一起做活动，中国政府现在做了很多传播中国文化的工作，在国外设立了孔子学院，从国外招了很多奖学金生，鼓励他们学汉语和中国文化，我们在平时上课时就已经将文化传递给学生了，而不是单一的教授一些必须能看到的、触摸到的中国文化。文化的传播是潜移默化的，比如在授课的时候就已经将中国人的文化慢慢讲给学生了。但是如果我们光以文化课的形式来讲中国文化，学生的参与度就受限，所以我们现在主要就是教授一些学生能够感受到的、触摸到的中国文化，这样他们的参与的热情就比较高。"

被访者10（新疆师范大学教授）表示："我们在国外有孔子学院，它在中亚必定了解了很多当地的情况，孔子学院是传播中国文化的一个很好的平台，在孔子学院学习的学生学习汉语的目的是来中国找工作。在这种情况下，依靠孔子学院去扩大中国文化在中亚的文化影响力，是一个非常漫长的过程，目前推介中国文化最积极的就是孔子学院，孔子学院一般教授的就是中国的传统文化，比如脸谱、中国结、武术、中国礼节等。"

3. 影响哈萨克斯坦留学生对中国文化及"一带一路"认知的主要因素

3.1 认知渠道的因素

在受调查者问卷中"获取中国文化的主要途径"一题进行选择时，主要通过汉语课和在中国亲身经历以获取中国文化的受调查者人数所占比重最大,均为29.27%。有近三分之一的中亚留学生主要是通过汉语课堂来获取中国文化的,这在一定程度上限制了获取中国文化的途径。

其次,选择在"大众媒体"上获取中国文化的受调查者人数比重,达到了19.51%,大众媒体中通过"电影"和"网络"获得中国文化所占比重最高,均占总数的26.09%,通过"报纸"和"杂志"获得中国文化的比重最小,由此可见,在中亚的大众媒体中,电影与网络上关于中国文化的内容较多,而在报纸和杂志上关于中国文化的内容很少,在很大程度上影响了中国文化的对中亚传播。

再次,通过"家人、同学和朋友"来获取中国文化的受调查者比例占到了9.76%,可见中亚留学生与"家人、同学和朋友"关于中国文化的交流还是占到一定比例的,这些"家人、同学、朋友"大多数都是在中国经商、学习、旅游过的。然而通过"纪念品和礼品"只获取中国文化信息的人数仅占2.44%,说明,纪念品和礼品这种方式没有成为中亚国民获取中国文化的主要选择,人们主要还是通过人与人之间的交流、实地体验来获取中国文化。

本次调查中发现,受调查者在中国时间越长,对中国文化的了解程度越高,长时间的中国经历有助于中亚留学生对中国文化的了解。

3.2 兴趣认知的因素

在我们进行文化传播时,要考虑到受传播者对中国文化的态度、以及需要什么样的中国文化,对什么样的中国文化感兴趣中国等,以促进中国与中亚各国之间的文化交流,不能一味地强势输出文化。

调查结果显示:在对中国文化的态度方面,有占总数32%的受调查者表示"对中国文化没什么感觉或不感兴趣",在问及原因时,有52%的受调查者表示"中国与中亚文化背景不同";有68%的受调查者表示"对中国文化非常感兴趣或对中国文化的某一方面感兴趣",在问及感兴趣的中国文化时,有一半以上的受调查者对"中国功夫、中医"感兴趣,而对"饮食和风俗习惯"感兴趣的比例最小,说明中亚留学生对实用性强的中国文化更感兴趣,而对和自己民族相近的新疆饮食与风俗习惯感兴趣的程度最低。

中国在对中亚传播文化时,如果不能很好地考虑受众的需求,就会严重影响中国文化对中亚传播的效果,同时也会影响到中国与中亚各国之间的文化沟通。由此可见,调查中亚国民对什么样的中国文化感兴趣,为中国文化向中亚传播提供内容依据,迫在眉睫。

3.3 中国文化课程

孔子学院和国际教育学院作为中国文化传播的重要舞台,对外搭建了世界了解中国文化的桥梁,对内推动了中国传统文化的兴起,为继承与发扬中国文化,推动中国科教文化事业的发展,提升中国文化产业在世界文化产业的竞争力上进行了有益的尝试。

在此次调查问卷中的中国与中亚文化传播板块中,有数据显示,近六成的受调查者对孔子学院"只是听说过,但是并不了解",由此可见,在中亚的孔子学院宣传力度较弱;从调查中得知有73.08%的受调查者认为国际教育学院开设的中国文化课多;同时,有75%的受调查者"全部喜欢或喜欢大部分"国际教育学院开设的中国文化课,表示"只喜欢少部分和不喜欢"国际教育学院所开设的中国文化课程的人数仅占到25%,由此可见,国际教育学院开设的中国文化课程内容符合大部分中亚学生的兴趣点。

从中亚孔子学院来新疆学习的留学生对孔子学院的了解度较高,学习中国文化的热情也较高,但人数较少;还有大部分的来自中亚的留学生并从孔子学院派来,他们对孔子学院的了解得很少,同样对中国文化的了解程度也较低。笔者认为孔子学院为传播中国文化搭建了一个很好的桥梁,但是孔子学院也存在着不可忽视的局限,比如办学规模较小、学生较少,在一定程度上限制了在中亚地区中国文化传播的力度与广度。

4. 中国与中亚丝绸之路经济带发展中的中国文化走出去传播的相关建议

中华文化富有强大的亲和力与凝聚力,古丝绸之路上的文化繁荣,正是中华文化向外传播扩散,向内兼容并蓄的力证。文化间的交往和交融,对区域内社会、经济的稳定和发展起着重要的影响作用。"一带一路"倡议的积极推行,为中国与中亚国家间的交流与合作提供良好的合作契机。中国文化"走出去"是在我国综合国力日益提升和国际文化影响力趋于低迷两者并存的情况下由政府推动的国家重大文化战略。推进中国文化走向中亚,对推进"一带一路"发展、中国与中亚各领域的交流与合作、为"五通"建设做好铺垫和排头兵的作用具有重要的战略意义。在此历史背景下，加强和重视中国在中亚国家的文化传播力度，就显得尤其重要了。

4.1 加强"一带一路"走进沿线国家的全方位、多元化传播方式即内容的建构，提高沿线国家国民对"一带一路"及中国文化的全面客观的认识及了解

第一，向中亚国家市场推出符合当地民众消费习惯的文化产品和品牌，中国可以积极发展面向中亚市场的文化产业，提供符合当地文化风俗与消费理念的文化产品。

第二，向中亚地区的国民传播具有鲜明中国特色的文化产品，我们在对外旅游文化中会选择一些突出的、典型的，能够突出民族精髓的内容进行传播，比如一些民风和民俗。此外，还可以为来中国入境游的旅客提供丰富多彩的历史文化名城观光、歌舞表演等活动让游客实地体验中国的历史文化。

第三，要全方位的传播中国文化，包括中国的传统文化和当代文化，中国在对外传播文化时，不仅要传播我们的传统文化，也要传播我们当代的文化，如果再细分，那么经济、政治、教育等都是要去传播的。必须全方位的传播中国的传统文化与当代文化，我们除了推介优秀的中国文化传统以外，也可以推介一些能反映中国现代文化的内容。

第四，要从各个层面进行文化传播的工作，丝绸之路经济带建设当中，加强新疆与丝路周边国家的文化交流，要从民间层面、政府层面、企业层面、高校层面去进行。加强民间文化往来、政府的外宣工作和官员互访、企业的文化产品、高校之间的文化交流活动。

第五，在当地开展文化交流体验活动，在中亚开设的孔子学院可以通过与当地企业、社区一起开展关于中国文化的活动，让当地的居民去体验感知中国文化，用直观的方式去传播中国文化。我认为，我们在对外文化传播时一定充分利用各种传播渠道，通过各个层面的努力，全面的传播中国文化，充分调动中国与中亚各国各个层面之间的文化友好往来，传播中国文化精华，张文中教授表示："我们在传播文化之前，一定要分清哪些是中国文化的糟粕，哪些是中国文化的精华，一定要有鉴别能力，不能一股脑的传播给对方，让对方对我们的文化产生误解。"

4.2 加强"一带一路"沿线国家对"一带一路"的认知调查，充分把握沿

线国家国民的认知态度变化，促进"一带一路"发展奏出和谐的合唱音符

第一，中国在对外传播文化的过程中要充分考虑到中亚国民的文化需求，做到"以人为本"充分调研中亚国民对中国文化的兴趣点来进行对外文化传播才有实效，文化交流应该是一个自然的过程，是一个市场选择的过程，当中国与中亚各国在互相不知道对方需要什么样的文化时，在双方的交流过程中，市场会做出选择。如果我们传播的文化内容人家不需要，别人感兴趣的文化内容我们并没有作为重点去推介传播，肯定会影响到我们文化交流的效果。我们首先要去了解中亚地区人民对中国文化的兴趣点，然后我们再进行传播。文化传播一定要有依据，不能想当然。

第二，中国在向外推进中国文化传播时，我们还是要考虑对方的需求，来分阶段分层次，去推进中国文化传播在中亚进行传播，除了传播一些形式感较强的中国文化，还要将中国文化的精髓传播出去，我们在进行文化传播时还是要根据中亚地区的文化背景传播他们容易接受的文化，在中国向外进行文化传播时，肯定还是需要针对当地的文化、宗教、信仰、习俗，对市场进行调查后，根据当地的市场需求与特点，来推出文化产品。

第三，中国与中亚各国的有着不同文化背景，正是因为文化的不同，才有了交流的价值。中国与中亚各国之间各个方面的交流沟通在很大程度上都是跨民族、跨种族和社会制度、跨文化层次的。所以在文化传播时，要了解中亚国民真正需要，真正感兴趣的中国文化内容，要符合受众心理，做到有的放矢。

4.3 加强和丰富中国与中亚各国民间文化交流活动的内容和形式，促进"一带一路"沿线国家民间交往交流交融的传播及推进

第一，促进中国文化对外传播，最重要的效果最好的途径就是民间交流，普通百姓所之间的交流是最重要的。当年，西域之所以能成为四大文明的交汇之地，靠的就是这种民间交流的方式，人与人之间的交往是文化传播最主要的途径，具体涉及旅游、经商、求学、文化、体育等各个方面的交流，在文化传播途径方面，我们除了可以通过官方途径，还可以通过民间途径，比如非政府组织，属于民间性质的团体，政府可以给予他们支持。通过这些非政府组织将有共同爱好的人组织起来一起进行跨文化的交流，我们可以在这些非政府组织里吸收一些专家，一起建立一个文化交流论坛，通过实地考察、访问开展一些

文化作品交流展。不利用政府背景去进行文化的交流与传播，可能更会受到当地人的欢迎。"

第二，政府方面可以促进国与国之间的民间交流，通过民间文化展促进中国文化在中亚的民间传播，中国需要重视民间传播这种形式，通过民间的交流活动，如民间文化艺术展、开设民间文化交流论坛、民间艺术团表演等温和的文化传播方式。民间文化交流形式不仅更容易被中亚各国政府所接受、中亚各国的国民所认可，而且还具有丰富的多样性和内容的时效性。因此，我国政府要鼓励民间形式的文化传播，制定一系列中国与中亚文化友好交流协定，为民间文化交流提供着政策便利。

4.4 充分发挥新疆与中亚各国地缘相近，文化相通，民风相同的优势，寻找新疆与中亚地区的文化共同点，减少文化距离感，促进"一带一路"沿线国家的民心相通。

第一，新疆与中亚地理位置接近，新疆的哈萨克族、塔吉克族等少数民族与中亚地区的民族，在种族、语言、习俗、宗教信仰等方面十分相似。我们可以通过寻找地区文化共同点，减少文化距离感，增强文化认同感，为中国文化更好地与中亚文化交流搭建桥梁。在中亚这个地方，除了汉文化之外，更多的能和中亚地区民众搭上认同感的还是少数民族的文化，鉴于地域优势，我们可以结合我们新疆的地理、历史、文化、民族优势，将我们与中亚地区相近的文化共同去进行开发，这样在文化交流时的阻力也会小一些。

第二，我们传播中国文化，首先要了解这个中亚地区，新疆也属于中亚地区，中亚的中心就在乌鲁木齐，我们都在中亚地区的情况下，新疆与中亚的历史文化传统、民族信仰、生活习俗等等的方方面面都是很接近的，比如说语言也是很接近的。所以它这种文化方面的联系，信仰方面的联系，都有很深的这种渊源关系，在文化对外传播时，我们就要注意到对民族的认同，对历史的认同。

第三，新疆是一个多民族的地区，中亚国家的国民民族组成成分在新疆几乎都有，例如塔吉克族、哈萨克族、乌孜别克族、吉尔吉斯族，他们的饮食文化与新疆还是很接近的。同时文化交流方面也包含着语言的交流，文化相近，贸易洽谈就容易谈拢，语言上相近，贸易往来就感到亲切，就没有障碍，利于国与国之间贸易往来的沟通与接洽，贸易本身就是一个交流接洽的过程，同时，寻找中国与中亚各国的文化共同点可以增强交流双方文化认同感，是促进文化交流与传播的一个方式。但是要注意，我们在进行文化传播时不能只注重文化共同点的找寻，而忽视了中国特色文化的传播，文化交流中，"求同"也是必要的一个手段，比如说我们找到共同点，"求异"呢，我们更注重文化之间的互补性，两种文化完全相同，那就没必要交流了，正因为不同，所以才有交流的价值，不是说文化与文化之间相同点越多越好。

4.5 充分发挥孔子学院作为沟通中外文化桥梁和深化友谊的人文纽带，中华文明与各国文明互动互鉴互融的重要途径及"一带一路"民心相通的坚实桥梁与沟通平台的作用

第一，目前有些国家孔院有创新，不光传播传统文化，也有专业文化，比如有的孔院专门做的是中国古典音乐文化、中国古代乐器，有的孔院还会结合学校的特长进行文化传播，这些创新方式都值得借鉴学习，孔子学院应该去承载更多的内容，多想一些办法，拓宽一下途径，多做一些工作，比如开办文化交流活动，开展交换生项目，举办暑期夏令营。既然我们已经有了孔子学院，就要充分利用这个平台，提升目前孔子学院在文化传播方面的作用。

第二，开展多样的文化娱乐活动，在现实操作上来讲，中国可以与中亚做一些体育项目，比如叼羊之类的体育活动，让他们觉得我们大家是文化很接近的，并不是很疏远，通过文娱活动能更好地开展文化交流，孔院可以与当地的企业、社区一起举办文化娱乐活动，提供给当地人一些能够参与的、能体会得到的中国文化，让他们在体验中感知中国文化。

第二节 "丝绸之路经济带"的认知变化及启示

哈萨克斯坦民众和在新疆的哈国留学生对"一带一路"的社会认知从三年前的不认同和怀疑到今天要求了解关注并参与的转变是一个积极的变化。

"国之交在于民相亲，民相亲在于心相通。"人文交流是国与国关系中极为重要的桥梁，人文交流的途径是文化交流，文化交流可以促进民心相通，是对

政治、经济发展的有效支撑。近年中国与中亚人文交流合作的平台不断搭建，中国亚欧博览会，中国新疆国际民族舞蹈节，哈萨克斯坦与中国新疆天山网的合作，吉尔吉斯斯坦与中国新疆"大陆桥"刊物的合作，中亚孔子学院及汉语国际教育的快速发展，来疆中亚留学生人数的快速增长，各类专家人才及项目的交流合作等等都推广了欧亚地区在更广领域和更高层次开展国际交流与合作，构建全方位、多层次、宽领域的教育交流与合作平台。"丝绸之路"的历史源远流长，其文化也早已深入欧亚各国人民的心中，其影响更是波及世界。今天，我们需要做的不仅仅是将"丝绸之路"的文化复兴并发扬，更应该让它与时俱进，因地制宜，达到为中国服务，为世界服务的目的。建设当代丝绸之路，不是简单的开放口号，必须赋予传统丝绸之路新的内涵。如何让经济带沿线各国与我们携手，民心相通非常重要，知己知彼，必须加强沟通，相互了解。中亚国家对丝绸之路经济带全面、客观的社会认知是其参与和支持丝绸之路经济带建设的心理基础，我们要充分利用好媒体、教育、事实论据等传播文明、传递文化信息的纽带和平台，及时传递与中亚各国加强贸易友好网络的诚意，让更多人了解丝绸之路经济带，理解经济带的互利共赢前景，与中国共同携手建设发展好经济带，同时把构成丝绸之路经济带的美好愿望落到实处。既要把实现中国民族的伟大复兴尽快成为现实，也要把推动人民和平发展的愿望尽快付诸实现。对此，政府、媒体、高校、企业、社会要将"丝绸之路经济带"人文领域加强丝绸之路经济带民心相通的各项工作的实施落实到位。尤其是充分发挥好我国新疆在构建"丝绸之路经济带"的进程中必须要发挥前沿、桥头堡和排头兵的作用，将新疆作为构建"丝绸之路经济带"的战略重点地区，用好用活新疆这个重要的地理大扇面，对我国与欧亚各国构建利益共同体会起到重要的不可替代的支撑作用。

（一）媒体层面

随着中国国际地位和中国与中亚战略合作伙伴关系的日益提升，中国内容将越来越多地进入到中亚国家的媒体中，就目前媒体受众群体的调查，电视、报纸、网络媒体已成为人们了解其他国家的重要信息渠道。

所以首先应加强中国和中国新疆媒体和中亚媒体的合作，着力打造针对中亚国家的语种媒体，提高新闻信息原创率、首发率、落地率。目前，中国媒体对中亚地区各类信息关注不够，报道不够，研究不够。不能很好地了解中亚媒体的中国形象及世界图景；在全面、真实、客观地塑造好今天中国的形象、传播好今天中国的声音、讲述好今天中国的故事方面还有待加大力度，深入研究，不断完善。

其次在与中亚媒体合作的基础上，应根据就今天中国的国情、新疆的区情、"丝绸之路经济带"建设与发展的未来之景制作成宣传片等宣传资料，由合作方中亚媒体及时在中亚国家播放，以便中亚国家民众及时了解事关中国与中亚共同发展，共同受益的美好合作未来，以期达到民心相通的结果。

再次，充分发挥互联网＋的作用，加强中亚国民能听懂及看懂语言的有关"丝绸之路经济带"信息的发布及宣传工作。古丝路上鸠摩罗什、玄奘的翻译成就加快了不同文化的融合与交流。今天几位中亚大学教授都提到了同样的问题，中亚各国目前一直在强化及提升各国母语的地位和使用水平，但俄语依然在国家的各个领域占有重要的地位。"丝绸之路经济带"的提出，会伴随着很多时代性较强的新术语产生，而如何准确翻译新术语，避免出现"他国"国民理解上的误区和误解就尤为重要和迫切了。

最后，中国应主动与中亚国家联系合作事宜，今天谁的话语吸引力强、可信度高、影响力大，谁就能占据主导、赢得人心。要加强国际话语体系建设，着力打造融通中外的新概念新范畴新表述，形成富有吸引力和感染力的中国话语、讲好中国故事、传播好中国声音、阐释好中国特色。承载古丝绸之路友好往来之情，主动走进今天的中亚，走进中亚国民心中，近距离进行心与心的沟通，民心通，则事顺通。

（二）教育层面

民心相通的重要途径是文化交流，文化交流需要大量的人才。在历史上"丝绸之路"对促进中国与中亚国家文化、经济的繁荣起到了巨大的作用，当今新"丝绸之路"仍然对促进中国与中亚国家的繁荣与发展意义重大。当前应当将"丝绸之路"主题纳入中国新疆和中亚国家的教育教学体系，让各国民众与青少年充分认识到丝绸之路的重要性，以继往开来，实现"丝绸之路经济带"的再繁荣。在我们对新疆师范大学和新疆财经大学以及中亚国家几所大学的研究生和大学生群体的调查中，60%调查者对"丝绸之路经济带"感兴趣并想了解相关知识信息，70%调查者表示将来愿意从事"丝绸之路经济带"的研究和参与工作。所以，我们要充分利用目前的大好机遇。

首先，建立汉语国际教育人才培养与中国及中亚经济经济发展需求的人才动态机制，加强高校与政府机构或企业协同培养人才的合作，以国外孔子学院和汉语教学机构为新平台，完善研究生、志愿者培养及就业保障制度和人事管理新模式，从制度上提供保障，解决汉语国际教育专业毕业生及志愿者出国工作的后顾之忧。加大加快中西亚国家的留学生教育、汉语及中国文化国际传播、专家人才及项目交流等方面的合作，构建全方位、多层次、宽领域的教育交流与合作平台。

其次，加快孔子学院建设步伐，加大汉语国际教育如何教好汉语的同时，在教材及教学内容中能更好地讲述好丰富多彩的中国故事，传播好真实客观的中国形象，介绍好"丝绸之路经济带"的理论及现实意义等研究。培养出更多"知华、友华、亲华"的外国朋友，为中国走向世界，为"丝绸之路经济带"的建设与发展共同努力。

再次，加强中国与中亚国家人文交流及青年群体间的合作，做好"丝绸之路经济带"建设及发展人才支撑工作。哈国教授 Massyrovarimma 认为：哈萨克斯坦国民非常关注和肯定中国的发展现状，认为中国现在就如同猛虎出笼，势不可挡。她提出来了汉语－货币－商品的新理论，如果想在一个国家生活或者与这个国家展开合作，就必须掌握该国家的语言，我们学习汉语。"丝绸之路经济带"引起了中亚国家及来疆高校学习汉语的留学生群体的认同和关注，并赢得大家共同参与和建设。这部分群体为"丝绸之路经济带"建设和发展注入了新鲜血液力量。我们应发挥好孔子学院的外宣平台作用及加大中国与沿线国家青年人各方面各领域的交流、合作及培养工作。

最后，加强"丝绸之路经济带"在人文领域的智库研究和建设。加快提升中国软实力、中国和中亚国家对构建"丝绸之路经济带"概念及实施途径认知、汉语中亚传播、中国文化走出去工程、丝绸之路经济带上商贸活动与语言的演变，语言的接触和相互影响等相关调查并长期跟踪深入研究，为"丝绸之路经济带"实施提供人文价值的智库支撑。

（三）事实论据层面

"丝绸之路"的历史源远流长，其文化也早已深入欧亚各国人民的心中，其影响更是波及世界。千百年来，各国使节、商队、学者、游客在这条"黄金通道"上川流不息，将东西方的文明交错融汇，共同谱写出千古传诵的友好篇章。

充分发挥好新疆与中亚语言相通、宗教、民风习俗相近的优势，促进"丝绸之路经济带"民心相通的保驾护航作用。古丝路上梵语、于阗语、藏语、回鹘语、粟特语、汉语等多语种文书，摩尼教、祆教、基督教、犹太教、佛教等多宗教文献及文物，显示出当时人们对不同语言文字、不同宗教信仰、不同民风习俗的尊重和包容。今天我们要继续发扬古丝路精神，进一步光大"和平合作、开放包容、互学互鉴、互利共赢"的新丝绸精神。

今天，我们要用客观、真实的事实论证中亚国家独立 20 多年来，中国与中亚国家关系经受住了时间的考验，在涉及国家主权、领土完整、安全稳定等重大核心利益问题上坚定相互支持。中国与中亚国家在双边和上海合作组织框架内合力打击"三股势力"、贩毒、跨国有组织犯罪，维护了地区稳定与和平。在发展问题上，中国与中亚国家密切合作，着力将政治关系优势转化为经济合作优势，将地缘毗邻和经济互补优势转化为务实合作的综合性优势，并且使这些优势保持持续增长的态势，从而打造互利共赢的利益共同体，以这些成功的事实展示给中亚国民，建立双方民心互通的基础。

人文交流与政治互信、经贸合作一起，构成了中国与中亚关系的三大支柱，对于促进民众相识相知、推动中国与中亚关系健康发展具有特殊意义。人文交流的根基在民众，今天，越来越多的中亚民众加入到人文交流中来，互学语言，互相了解对方的历史与文化，这种深度交流不仅是中国与中亚各国人民的福祉，更是在为世界和平做贡献。在未来，人文交流将在构建中国与中亚关系，促进"丝绸之路经济带"建设与发展中展现独特优势、发挥更大作用。

第五章

"一带一路"沿线国家哈萨克斯坦国民眼中的孔子学院

随着时代的发展，中国的经济实力日益增强，国际地位也不断提高，世界各国渴望了解中国的人也越来越多。有越来越多的人愿意走进课堂来学习汉文化。为此，在世界各地，选择学习汉语的人也越来越多，他们的目的不尽相同，许多人认为学会了汉语，就会拥有更高的社会地位，拥有更多的就业机会。据哈萨克斯坦新闻社阿拉木图 2014 年 6 月 10 日讯，截至 2014 年 4 月 1 日，仅中国就有近 3000 户公司在哈注册，对哈萨克斯坦人来说在中国公司谋得一个职位，是他们最理想的选择。随着中国公司数量日增，对通晓汉语人才的需求量也不断增大，在哈萨克斯坦汉语学习者的人数也迅速增多。

为了解哈萨克斯坦孔子学院方面的情况，为国家汉办制定目的明确、切实可行的援助及指导措施提供科学依据；为哈萨克斯坦汉语教学进一步发展提供意见和建议，从而更好地促进哈萨克斯坦孔子学院工作的开展，使哈萨克斯坦学习者能够拥有更好的条件学习汉语。我们对哈萨克斯坦阿斯塔纳、阿拉木图、阿克托别、奇姆肯特、土尔克斯坦及卡拉干达等城市的十所高校，九所中小学及设在大学里的三个中国语言文化中心以及近 30 家私立语言培训中心进行了较全面的调查。调查采用问卷与访谈相结合的方法，调查数据截至 2014 年 3 月。

第一节　孔子学院中的汉语及中国文化传播

孔子学院作为中国对外汉语教学领导小组办公室在世界各地设立的，为推广汉语和传播中国文化与国学的教育和文化交流机构，是传播中国文化的重要机构，其工作是给世界各地的汉语学习者提供规范、权威的现代汉语教材，并提供最正规的汉语教学渠道。

中国同哈萨克斯坦地理相邻，文化相通，传统友谊深厚，人员往来密切，发展中国同哈萨克斯坦的人文交流，是非常有必要的。因此中国与哈萨克斯坦两国领导极力支持孔子学院在哈萨克斯坦的建设，以加深中国和哈萨克斯坦两国的文化交流，推广以孔子学院为载体的汉语教学。

哈萨克斯坦欧亚大学孔子学院。哈萨克斯坦欧亚大学于1997年成立，学校地址位于首都阿斯塔纳，学校共设有47个本科专业、11个硕士点、9个博士授予点，是哈萨克斯坦最大的一所综合性大学。2005年7月，中国国家主席胡锦涛同志访问哈萨克斯坦期间与哈总统纳扎尔巴耶夫进行了友好会谈，在此次会谈中提到孔子学院的建设，提出在哈萨克斯坦建立孔子学院。2006年底，根据两国元首意见，哈萨克斯坦欧亚大学与国家汉办作为具体落实机构，于哈萨克斯坦总统访华期间签署了合作建设孔子学院的正式协议。经国家汉办授权，西安外国语大学作为具体执行机构与欧亚大学合作建设孔子学院。哈萨克斯坦欧亚大学孔子学院于2006年12月5日正式揭牌。将孔子学院设在欧亚大学，是哈萨克斯坦对孔子学院的一种高度重视。欧亚大学孔子学院理事会由9人组成，哈萨克斯坦5人，中国4人。欧亚大学校长担任理事会主席，西安外国语大学校长担任副主席。目前，哈方院长由欧亚大学国际交流处处长代理，中方院长负责日常行政事务的管理和教学管理。

阿里-法拉比哈萨克民族大学孔子学院。按正式成立时间来看，哈萨克斯坦阿里-法拉比民族大学孔子学院是哈萨克斯坦成立的第二所孔子学院。但按其存在的时间来看，哈萨克斯坦阿里-法拉比民族大学孔子学院是哈萨克斯坦第一所孔子学院，其前身为哈萨克斯坦民族大学和兰州大学合作建立的汉语中心，成立于2002年11月。孔子学院在世界发展之后，汉语中心于2009年2月23日正式更名为孔子学院。哈萨克斯坦阿里-法拉比民族大学孔子学院以"兼顾整体、灵活多样"为教学原则，在教学上力图顾及每一个学员；在教材的选取上，汉语教材中包括了中国文化，使学员在语言学习之下同时能进行中国文化学习；在班级分配和课程设置上也根据当地的实际情况进行适当调整。目前，学院开设有8个教学班。来自中国兰州大学的两位中方老师承担了所有的教学任务。随着孔子学院的不断发展，办学规模不断扩大，据统计已为哈萨克斯坦培养各层次汉语人才 2000 多人，向国内高校输送留学生 600 多人并成功举办过两届中亚各高校汉语教师培训活动。2009 年度的整体招生良好，全年接收学员达 200 多人次

阿克托别师范学院孔子学院。2010 年 2 月，新疆财经大学提出与哈萨克斯坦阿克托别师范学院合作建立孔子学院的，并向国家汉办提出申请，同时孔子学院总部同意申请，并将《中国孔子学院总部与哈萨克斯坦阿克托别师范学院关于合作设立阿克托别师范学院孔子学院的协议》发往哈萨克斯坦，进行孔子学院的创办。2010 年 6 月 17 日至 23 日，新疆财经大学党委书记等一行 4 人应哈萨克斯坦阿克托别师范学院的邀请，赴哈萨克斯坦进行了为期一周的访问。在此次访问中，双方就建立孔子学院执行协议的具体事项和实施细节进行落实，中方还实地考察对方承诺提供的建立孔子学院所需教学场地、设施和教师公寓。2011 年 6 月 24 日，新疆财经大学和哈萨克斯坦阿克托别师范学院在开办的孔子学院在阿克托别市正式成立，这也是哈萨克斯坦的第三所孔子学院。目前，阿克托别师范学孔子学院是哈萨克斯坦规模最大的孔子学院。

卡拉干达国立技术大学孔子学院。2012 年 11 月 28 日，哈萨克斯坦卡拉干达技术大学和中国新疆石河子大学合办的卡拉干达技术大学孔子学院举行揭牌仪式。建成后的卡拉干达技术大学孔子学院，将在哈萨克斯坦开展汉语教学，提供汉语教学资源，举办汉语考试和汉语教师资格认证考试，提供中国教育、文化等信息咨询、开展语言文化交流活动等服务。为援助石河子大学于卡拉干达国立技术学院建设孔子学院，北京大学为孔子学院培养了首批 40 名对外汉语教学师资，包括 3 名已被国家孔子学院总部派往泰国等地进行汉语教学的教师。这些教师中每年将有 3 到 4 人被派往卡拉干达技术大学的孔子学院进行教学工作。

一、哈萨克斯坦孔子学院现状

（一）调查表的总体设计

本次调查共分五部分，21个问题。第一部分为教学机构基本情况，包括教学机构名称、性质、汉语教学层次、教学对象信息以及教材使用。相关信息有助于描述哈国汉语教学单位的情况。此部分多为选择题。第二部分为问答题和选择题，着重调查汉语教学的发展，包括开设汉语课程的时间、原因、获得教学资源的渠道以及在教学中遇到的问题等。第三部分为汉语教学需求，目的是提出有针对性的、有效的对策。第四部分为有关师资情况的选择题，目的是了解哈萨克斯坦汉语教师的整体情况。第五部分是教材资源使用情况调查以及被调查者的反馈意见，多为问答题。最后两个部分为调查的主体和客体，一定程度上反映出哈萨克斯坦汉语师资现状以及一线汉语教师关心的重要问题及学生的动机和目的。

（二）数据与分析

1. 哈萨克斯坦汉语学历教育

表1：汉语学历教育情况①

序号	教学机构	教学层次	学生总数	学历教育人数	教学资金来源	汉语教学机构设立时间
1	阿·法拉比民族大学东方系	零起点；初级班；提高班	410	410	大使馆赠送	1990 年
2	阿拉木图外国语与职业大学	零起点；初级班；中级班	250	50	自己解决	2005 年

---

① 以上信息均由相关单位教研室负责人提供

续表

序号	教学机构	教学层次	学生总数	学历教育人数	教学资金来源	汉语教学机构设立时间
3	阿拉木图市国际哈中语言学院（私立）	零起点；初级班；中级班	330	330	自己解决	2007 年 9 月
4	南哈萨克斯坦人民友谊大学语言学院（私立）	零起点；初级班；中级班	54	54	自己解决	2007 年
5	哈萨克斯坦阿拜国立师范大学中国语言文化中心	初级、中级、高级	228	144	中国大使馆	2001 年 9 月
6	哈萨克斯坦－土耳其国际大学社科系（图尔克斯坦市）	初级、中级、高级	257	198	自己解决	2001 年 9 月
7	阿布赉汗国际关系外国语大学	中级、高级	303	180	大使馆/自己	1997 年
8	阿克纠宾拜什福大学（私立）	初级、中级、高级	115	115	自己解决	2009 年
合计			1947	1581		

数据显示，哈国有八所大学开设汉语学历教育课程，最早（1990）开设汉语课程的是阿－法拉比民族大学，招收 10 名不同行业的在职学生，为哈萨克斯坦培养了独立后的第一批翻译人才。这应当是哈萨克斯坦汉语学历教育的发端。与中国高校有较多合作的大学和外国语大学，能通过各种渠道获得中国方面赠

送的教材，而其他"自己解决"的院校情况则不容乐观。

2. 哈萨克斯坦汉语非学历教育

表2：汉语非学历教育基本情况①

序号	教学机构名称	教学层次	学生总数	教学资金来源	汉语教学机构设立时间
1	阿斯塔纳欧亚大学孔子学院	零起点、初级班、高级班	168	孔院总部大使馆	2007年12月
2	阿里·法拉比民族大学孔子学院	零起点、初级班、提高班	60	孔院总部	2002年3月
3	阿克托别朱巴诺夫大学孔子学院	零起点、初级班、提高班	70	孔院总部	2011年6月
4	卡拉干达技术大学孔子学院	零起点、提高班	30	孔院总部	2011年7月
5	阿斯塔纳欧亚大学语文系汉语教研室	零起点、初级、中级高级	200	孔院总部	2007年
6	阿斯塔那赛福林农业技术大学中哈科学与教育交流中心暨汉语教育中心	零起点、初级、中级班	30	大使馆	2009年1月
7	哈萨克斯坦女子师范大学中国语言文化中心	零起点、初级班	35	新疆师范大学孔院总部	2011年6月

① 以上信息均由相关单位教研室负责人提供

续表

序号	教学机构名称	教学层次	学生总数	教学资金来源	汉语教学机构设立时间
8	伊犁师范学院 - 阿布赍汗国际关系与世界语大学汉语培训中心	零起点、初级班、中级班	123	伊犁师范学院	2010 年 9 月
9	阿拉木图培训中心（共有 27 个设有汉语课）	零起点、初级班、中级班	570	自己解决	1994 年以来陆续开办
10	哈萨克斯坦 - 土耳其国际大学塔拉兹学院（江布尔州塔拉兹市）	初级、中级	56	自己解决	2009 年
11	奇姆肯特孔子汉语言培训中心（私立）	零起点、初级班	32	自己解决	2010 年 10 月
12	奇姆肯特中文学研中心（华裔开办）	零起点、初级班	45	自己解决	2006 年 9 月
13	阿克纠宾语言培训中心	零起点、初级班	30	自己解决	2004 年
	合计		1509		

　　哈萨克斯坦大学的汉语教学类型为学历教育和非学历教育相结合，累计共有 3456 人①。结合国家人口和在校学生人数来看，这个数据是微不足道的。以哈萨克斯坦阿克纠宾州为例，全州 13 个区，11，4487 名在校中小学生②，没有

---

① 仅为本次调查期间在册人数
② 本数据由阿克纠宾州政府教育官员提供

机会学习汉语，因为到目前为止，汉语在该州还是"非教授语言"。与其他周边国家的"汉语热"相比，哈萨克斯坦的国际汉语教育还处于起步阶段。吉尔吉斯的人口虽只有 500 多万，但 2007 年就有 3267 名大学生学习汉语①，经过五年多的发展已超过 1 万名。"日本有 200 万人在学习汉语。韩国学习汉语的人数超过 100 万，现有的 142 所大学全部开设了汉语课程。韩国教育部计划在全国中小学普遍开设汉语课。印尼目前有 1000 所中学正式开设汉语课"②。与上述数据相比，杜娟《管窥哈萨克斯坦汉语热》（2009）一文的结论似乎有待商榷："从近年来培养各层次汉语人才 1500 多人的数量来看，就可以看出哈萨克斯坦学习汉语的热情是何等高涨！而且，在哈萨克斯坦几十所大学里，绝大多数大学都开设了汉语课，而且学习汉语的人员已有向低龄化发展的趋势。在哈萨克斯坦民族大学孔子学院今年的学生中就有好多年龄在 13—16 岁的中学生。由此可见，在哈萨克斯坦使用'汉语热'这个词并不夸张"。

3. 汉语师资结构

表3：师资结构（本数据源自教学单位反馈的问卷调查表，截至 2014 年 3 月）

序号	教学机构名称	教师来源				学历				职称		
		人数	公派	志愿者	本土	博士	硕士	本科	教授	副教授	讲师	助教
1	阿·法拉比民族大学孔子学院	3	2	0	1	1	2	0	0	1	1	1
2	阿斯塔纳欧亚大学孔子学院	3	2	0	1	1	2	0	0	1	2	0
3	阿克托别朱巴诺夫大学孔子学院	6	3	2	1	0	1	5	0	1	2	3
4	卡拉干达技术大学孔子学院	3	3	0	0	0	0	3	0	0	3	0
5	阿·法拉比民族大学东方系	22	0	0	22	5	10	7	2	5	10	5

---

① 古丽尼沙·加马力 2007 吉尔吉斯汉语教育现状及发展前景展望《比什凯克人文大学学报》第 1 期.

② 中国网《孔子学院影响力独特：4000 万洋人学习汉语》，http：//www. china. com. cn/international/txt/2007 - 03 - 20/content_ 7987819. htm.

续表

序号	教学机构名称	教师来源				学历				职称		
		人数	公派	志愿者	本土	博士	硕士	本科	教授	副教授	讲师	助教
6	阿斯塔那欧亚大学国际教育学院汉语教研室	10	0	0	10	3	5	2	1	1	4	4
7	哈萨克斯坦阿拜民族师范大学中国语言文化中心	8	0	0	8	2	4	2	1	1	4	2
8	阿布赉汗国际关系外国语大学	24	2	0	22	5	5	14	1	2	15	6
9	哈萨克斯坦女子师范大学中国语言文化中心	2	2	0	0	0	2	0	0	1	1	0
10	阿拉木图市国际哈中语言学院（大专）	5	0	0	5	0	4	1	0	1	0	4
11	阿拉木图外国语与职业大学	4	0	0	4	1	3	0	0	1	3	0
12	哈萨克斯坦－土耳其国际大学社科系（图尔克斯坦市）	5	0	0	5	0	1	4	0	1	4	0
13	哈萨克斯坦－土耳其国际大学塔拉兹学院	2	0	0	2	0	1	1	0	1	1	0
14	南哈萨克斯坦人民友谊大学语言学院（私立）	2	0	0	2	0	0	2	0	0	2	0
15	中哈科学与教育交流中心暨汉语教育中心（阿斯塔那赛福林农业技术大学）	2	0	0	2	0	0	2	0	2	0	0
合计		101	14	2	85	18	40	43	5	19	52	25
百分比		%	13	2	84	18	40	43	5	19	51	25

上表显示，本土教师是哈萨克斯坦汉语师资队伍中的中坚力量，占汉语教师总数的84%，其中大部分是来自中国新疆的哈萨克族移民。他们以母语哈语作为教学辅助语言，使他们在哈萨克斯坦汉语教学中有着不可替代的作用。从学历和职称来看，四所孔子学院的教师不占优势，10名公派汉语教师中，2名博士，8名本科生，其中2名副教授，8名讲师，且基本上都不是科班出身的汉语教师。显然，以这样的师资结构要开设本科学历汉语言专业课程很难通过当

地教育部门的审核①。选派汉语志愿者和公派汉语教师时，首先应该考虑懂俄语或者突厥语族语言的人才，且最好有经验、科班出身。

4. 教材使用情况

表4：教材使用情况

	教学机构名称	使用教材
1	阿·法拉比大学孔子学院	刘珣主编《新实用汉语课本》1，2，3 册
2	阿斯塔纳欧亚大学孔子学院	刘珣主编《新实用汉语课本》1，2，3 册；任雪梅、刘晓雨主编《走进中国》中级本
3	阿克托别朱巴诺夫大学孔子学院	《快乐汉语》、刘珣主编《新实用汉语课本》
4	卡拉干达技术大学 – 大学孔子学院	《大众汉语》新疆教育出版社出版
5	阿·法拉比民族大学东方系	《发展汉语》北京语言大学出版
6	阿拉木图外国语与职业大学	刘珣主编《新实用汉语课本》
7	中哈科学与教育交流中心暨汉语教育中心（阿斯塔那赛福林农业技术大学）	杨寄洲编《汉语教程》《汉语口语教程》，《汉字速成课本》
8	欧亚大学语文系汉语教研室	刘珣主编《新实用汉语课本》1，2，3 册
9	哈萨克斯坦女子师范大学中国语言文化中心	《大众汉语》第一册《汉语百花园》（哈萨克文版）
10	哈萨克斯坦女子师范大学语文系汉语为第一外语	《大众汉语》第一、第二册
11	阿拉木图市国际哈中语言学院（大专）	李晓琪《博雅汉语》初级、中级（2）

① 哈萨克斯坦教育部 2008 年 5 月 28 日发布的№506 命令，要求新开本科课程教师学历博士、副博士需达到 45% 以上。

	教学机构名称	使用教材
12	南哈萨克斯坦人民友谊大学语言学院	李晓琪《博雅汉语》初级、中级（2）
13	奇姆肯特孔子语言中心	李晓琪《博雅汉语》初级
14	阿克纠宾语言培训中心	《汉语口语速成》北京语言大学出版社出版
15	奇姆肯特中文学研中心（华裔开办）	语文（2003年全国编）\ 汉语教程第一册
16	哈萨克斯坦阿拜师范大学中国语言文化中心	《大学汉语》（哈文注解）；杨寄洲主编《汉语教程》第三册（二年级）；三年级第五册；四年级《桥梁》下
17	哈萨克斯坦－土耳其国际大学社科系（图尔克斯坦市）	刘珣主编《新实用汉语课本》
18	阿布赉汗国际关系外国语大学	刘珣主编《新实用汉语课本》/《大众汉语》
19	哈萨克斯坦－土耳其国际大学塔拉兹学院（江布尔州塔拉兹市）	刘珣主编《新实用汉语课本》《实用汉语课本》莫斯科2001年出版
20	阿克纠宾拜什福大学	《汉语口语速成》《汉语教程》
21	其他语言中心	《汉语口语速成》《博雅汉语》《快乐汉语》等

上表并未穷尽在哈萨克斯坦流行的汉语教材。除个别大学使用莫斯科大学亚非学院谭傲霜和高辟天夫妇合编的《实用汉语新编》（东方文学出版社，2004）外，各院校基本上都在使用北京语言大学出版社出版的汉语教材。从列出的多种教材来看，一套教材一统天下的局面被打破了。每种课型都有多种教材同时竞争，给教师提供了多种选择的可能。该表反映出的第二个问题是，有几种教材使用较高。比如，刘珣主编的《新实用汉语课本》、李晓琪等主编的《博雅汉语》、杨继洲主编的《汉语教程》以及新疆教育出版社出版的《大众汉

语》。但同时也反映出一系列问题：带俄文注解的教材不系统不配套；缺少中国语言文学和翻译理论高年级教材；没有适合当地教学特点的本土教材，等等。

（三）哈萨克斯坦孔子学院基本现状

自 2004 年全球第一所孔子学院协议在乌兹别克斯坦签署以来，截至 2016 年 4 月，已在全球 138 个国家设立 502 所孔子学院和 1013 个中小学孔子课堂，注册学员累计达 500 多万人。其中，中亚 5 国除土库曼斯坦外，共设立 11 所孔子学院、18 个孔子课堂，注册学员累计达 11 万人，为服务"一带一路"战略，促进中国与中亚国家友好，发挥了重要的作用。

1. 汉语教学广受欢迎，办学质量不断提高

哈萨克斯坦孔子学院立足学校，融入本土，努力适应当地民众多层次的汉语需求，不断丰富和完善汉语课程体系。仅 2015 年，包括哈国在内的中亚国家孔子学院就开设基础汉语、商务汉语、中国文学、中国概况等各类班次 1600 余个，注册学员达 2.3 万人，各类汉语考试人数达 1.3 万余人，比去年增长 52%。为更好的服务"一带一路"战略，国家汉办持续加大投入，支持哈萨克斯坦孔子学院编写本土汉语教材；扩大在中亚国家招收孔子学院奖学金生规模，仅 2015 年就提供各类奖学金名额 430 多个约占全球总量的 10%。

2. 文化活动丰富多彩，影响力进一步增强

2015 年，哈萨克斯坦等国孔子学院积极组织文化讲座、节日庆典、交流比赛、学生夏令营等各类文化活动 600 余场，参加人数超过 18 万人次，同比增长 25%。哈萨克民族大学孔子学院举办哈全国高校"语言学、翻译学、双语专业"奥林匹克知识竞赛，学生踊跃参加。

3. 面向"一带一路"战略，深入开展学术研究

哈萨克斯坦等中亚国家的孔子学院围绕"一带一路"战略、当代中国国情等主题，开展了大量的学术研究和研讨活动，收到很好的效果。哈萨克斯坦卡拉干达技术大学孔子学院举办"中亚文明与向西开放国际论坛"，将会议成果结集出版并分送该国政府机构和科研院所。吉尔吉斯斯坦奥什大学孔子学院设立"中–吉问题研究中心"，每年发表大量学术论文，成为该国中吉关系研究的重镇。乌兹别克斯坦撒马尔罕外国语学院孔子学院举办"伟大丝绸之路上的普世价值观与民族价值观：语言、文化和教育"国际学术研讨会，中外 200 多名专

家学者与会。中亚国家孔子学院所在大学一致认为，孔子学院在推动本校学术研究能力、学科国际化水平以及融入"一带一路"战略等方面，均发挥了无可替代的重要作用

4. 积极服务当地中资企业

截至 2016 年，中亚国家孔子学院已和中石油、华为、中兴、大唐集团、海南航空、南方航空、江苏金昇集团等 10 多家"走出去"中资企业建立长期合作关系。塔吉克冶金学院孔子学院为海成集团在塔分公司开设本土员工周末汉语培训班、本土管理层强化培训班，海成集团投入 30 万美元为孔子学院装修专用教学楼。吉尔吉斯比什凯克人文大学孔子学院为中国特变电工股份有限公司提供汉语培训和信息咨询服务，获得该公司提供的价值 20 万美元的教学设施和设备。通过与中资企业的优势互补，孔子学院改善了办学条件，为学员实习和就业开辟了通道，也为中资企业融入当地、提升社会形象提供了有力支持。

（四）哈萨克斯坦孔子学院中国文化传播现状

在 2014 年 3 月课题组成员在目前哈萨克斯坦规模最大的阿克托别师范学院孔子学院进行了中国文化传播效果调查。调查向孔子学院的汉语学习者发放问卷 200 份，收回问卷 185 份，问卷回收率为 92.5%。剔除无效问卷 5 份，有效问卷 180 份，有效问卷的回收率为 90%，此次研究有效问卷回收率符合常用统计分析软件统计时有效样本数量的基本要求。见表 1。

表 1　调查样本结构概况

年龄	性别比例	是否去过中国
15 - 20：60% 15 - 30：22% 50 - 60：18%	男：16% 女：84%	没有：146 人 81.2% 去过：34 人 18.8% 想去：151 人 83.8%
是否学过汉语	学习汉语多长时间	参加过 HSK 等级考试吗？等级为多少？
学过：25 人 没有：155 人	1 年以下：18 人 1—2 年：5 人 2 年以上：2 人	共 6 人参加 初级：2 人 中级：3 人 高级：1 人

以上数据显示：被调查者大部分为哈萨克族民族，母语为哈萨克语，交际语言为哈萨克语和俄语。被调查者中有81%没有去过中国，仅有不到20%的人去过，而80%的人想去中国，说明大部分的汉语学习者在主观上还是很想进一步了解中国真实的接触到中国。

1. 阿克托别师范学院孔子学院的中国文化传播内容

（1）汉语传播现状

语言是人类沟通的重要桥梁和工具，是文化的载体，是人类意识形态的外在体现。孔子学院作为国际语言推广机构，它的核心任务之一就是把汉语推向世界。因此，汉语教学是孔子学院海外传播内容的重中之重。汉语是中国的基础语言，是一把通向中国文化核心的钥匙，学好了汉语同时也是学好了与汉语息息相关的中国文化。海外学习者们因为有了对汉语的认识才获得对中国文化的了解，汉字也因有中国文化的支撑而获得重要的存在价值。对外汉语的教学不论国家、不论年龄、不论文化背景都放在了传播内容的首要位置①。见表2。

表2　阿克托别师范学院孔子学院课表

星期一	星期二	星期三	星期四	星期五
中级汉语精读	中级汉语精读	中级汉语精读	中华文化	中级汉语精读
中级汉语听力	中华才艺	中级汉语阅读	国学	初级汉语写作
中级汉语阅读	文化课	中级汉语听力		

由上述表2就能看出，除了一周3节的中华文艺、文化课、中华文化以外，剩下的都是汉语学习课。可见，汉语学习对于海外学习者还是基础，语言是文化重要的输出通道，孔子学院也将汉语学习作为主要的课堂教学内容。

（2）中国文化传播现状

为了了解汉语学习者对中国文化的了解情况，问卷列举了包括故宫、长城、中国菜、饺子、月饼、二胡、古筝、儒家学说、春节、中秋节、中国武术、太极拳、京剧、中国民族舞蹈、中国书法、唐诗宋词等16个具有代表性的中国特

---

① 易丽萍《孔子学院跨文化传播研究》重庆工商大学硕士论文2012年

色的文化形态分别进行提问。以"中国菜"为例，问题如下："你知道中国菜吗?""你尝试接触过中国菜吗?"回答"知道""不知道""尝试接触过""没有尝试接触过"。

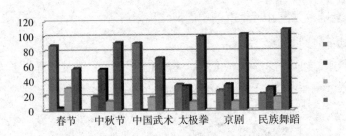

图1 汉语学习者对中国文化了解情况

以上图示显示：哈萨克斯坦国民在孔子学院中对中国传统的建筑、饮食、节日、武术认知度较高，但对儒家学院、乐器、舞蹈、书法诗词等认知度较低，但都显示出愿意尝试了解。说明在孔子学院最大的收获是了解了当代中国的发展与进步。孔子学院的建立为当今中国正面形象的构建，改变传统的认知，起到了积极作用。

（3）精神文化传播

在对阿克托别师范学院孔子学院学习者的精神文化调查中，问卷设计了如表3中的价值观问题，包含了传统儒学的"孝、俭、礼、勤、恭、慎、谦"等价值观。从态度方面考量了被调查者对于儒学思想的见解。见表3。

表3 被访者对中国精神文化认知态度

观点	同意	不同意	中立
孝顺父母是每个人必须要做的	92%	0%	6%
生活中节省是最重要的	92%	0%	6%
对别人一定要以礼相待	92%	0%	6%
辛勤劳动才能去得成功	92%	0%	14%
工作中要服从上级尊重长辈	26%	0%	38%
做人做事要警言慎行	76%	14%	14%

观点	同意	不同意	中立
孩子成功能让父母有面子	84%	0%	6%
别人夸奖你时要表现的谦虚	76%	0%	22%

从表3不难看出对于"孝俭礼勤"这些价值观，汉语学习者大部分都持同意态度，对于"恭"持同意态度的相对较少，"慎"则有持对立态度的，"谦"的对立态度也相对来说较多。说明阿克托别师范学院孔子学院对中国儒家文化的认同。

同时，问卷还涉及了当代中国国情问卷，通过对中国的名人认知来考量学习者对中国政治、体育、文学等方面的了解。见表4。

表4 被访者对中国名人认知调查结果

习近平	22%	孔子	100%
毛泽东	76%	秦始皇	22%
李娜	6%	张艺谋	0%
莫言	6%	成龙	76%
李白	30%	章子怡	38%

对上述表4中的名人。由于孔子学院的原因，100%的汉语学习者都认识孔子。对于政界人士，由于历史原因，哈萨克斯坦在归属于苏联时期和中国的关系密切，对毛泽东的认知度较高。在文学方面，对李白的认知稍高，但是还是少部分人知道。而对于体育娱乐方面，学习者也仅仅对于成龙的认知较高。

2. 阿克托别师范学院孔子学院中国文化传播渠道

对于中国文化的传播渠道问卷设计了"你通过什么来了解中国文化?"在50位调查者中，通过电视和课堂教学了解的有34人，占总数的68%。通过中国朋友的介绍了解有23人，占46%。通过报纸杂志了解有11人，占22%。当下信息时代最方便快捷的网络媒体渠道也只有7人通过它来认知中国文化，可见，网络媒体中的中国文化内容较少或传播的语言有限。

在传播渠道接触者最多的课堂教学，本文又做了更详细的考察。在问卷中设计了以下问题。"你喜欢中国教师还是本国教师？"有60%的学习者喜欢中国教师来教汉语，有30%的学习者持无所谓态度，仅有10%的学习者喜欢本国教师充当自己的汉语教师。

"在你喜欢什么样的中国教师？"问题回答中，"男教师"和"女教师"比例相当，"具有中国文化特长"的这一选项比例占38%是较为集中的一选项，其次是"会流利的俄语或哈萨克语语"占22%，"教学经验丰富"占14%。由此可以看出汉语学习者对于中国文化的喜爱程度还是极为高的。他们希望汉语教师具有中国文化特长，从而能更直接的接触到中国文化。

"你喜欢什么样的上课方式？"回答中"老师讲授"和"中国文化活动"的方式都占30%比较能让学习者接受，而对话辩论占22%，游戏形式占14%。

"你喜欢什么样的教材？""同步MP3CD"的选项为15人，"带俄语或哈语翻译"11人，"配有中国文化知识的"有7人，只有3人选择"纯汉语语言知识"，说明大部分学习者首先比较注重是学习过程的方便程度，其次才考虑到内容设置，但对于内容，纯理论的汉语知识还是不受学习者的欢迎。

3. 阿克托别师范学院孔子学院中国文化传播效果

（1）学习者对中国文化认识与态度不一致

对孔子学院的受众调查中，学习者对学习汉语的动机及态度还有认识是影响中国文化传播效果的重要因素之一，因此，问卷设计了以下问题，见图2。

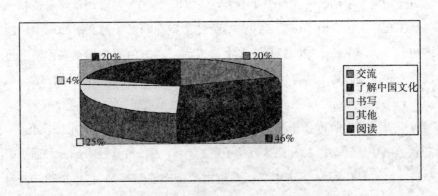

图2　被访者学习汉语后取得的收获调查结果

上述饼状图显示，被调查者学习汉语的动机，大部分还是想要了解中国文化，在学习汉语之后取得收获也是文化占主体。

我们把"知道吗"作为海外人士对中国文化的认知，把"喜欢吗"作为对中国文化的态度。在上述对物质文化和精神文化的调查中就发现，学习者对于文化的认知和态度不一致，归结原因是因为没有根本了解中国文化，举例来说有84%的人知道京剧，但只有22%的人喜欢京剧，这中间的差距很大。所以跨文化传播不能急于求成，要把学习者愿意接受的感兴趣的先传播出去，只有先了解了愿意接触的东西才会对未知的产生好奇。

在"你认为中国人是什么样的形象?"问题中，选择"友好"的有42人，"热情"的有26人，而相对的带有贬义色彩的"高傲""野蛮"还有"其他"都没有人选择，这也说明了国人对这些学习者的映像处于一种良好状态，也是对传播中国文化的优势。

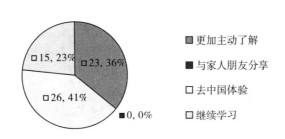

图3 被访者学习汉语后的动机调查结果

图3得出，学习者对于中国文化的态度希望更加深入，更加具体。对于学习者态度还设置了"你喜欢中国吗?"在回答中，90%的被调查者选择了非常喜欢，10%的被调查者选择"喜欢"，而对"一般""不喜欢"则没有人选。证明学习者在主观上对中国文化的态度持肯定的正面态度。非常乐意友好，这对中国文化传播也是一个好的反应。

（2）学习者有选择性的接受中国文化

由于个人兴趣，以及对已经认知的事物的态度不同，所以学习者在接受中国文化时也有选择性。在问卷中设置了这样一道题。见图4。

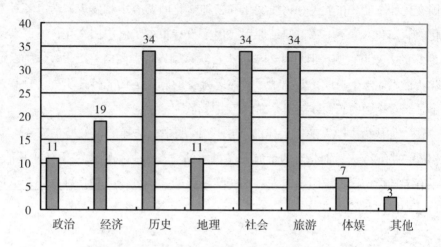

图4 被访者对不同领域中国信息的喜爱程度调查结果

上述题目中就可以看出，学习者对于文化的认同度也是有差异的，因此，我们得出，学习者进行跨文化学习过程中，不会全盘接受所喜欢的某种文化，而是根据自己的兴趣、接受度进行筛选，有选择性地学习。

4. 阿克托别师范学院孔子学院中国文化传播成效分析

孔子学院作为一个特殊的机构，肩负着传播中国文化的重任。为了构建和谐世界，它在语言文化传播中发挥着重要的作用。同时，吉尔吉斯孔子学院在全体教师齐心协力的努力下，在短短的时间里也取得了骄人的成绩，有效发挥了其特殊的职能性，在语言文化传播中取得了很好的效果。

（1）孔子学院汉语传播所取得的效绩

孔子学院全面推进加强发展孔子学院是世界各国人民学习汉语和了解中国文化的园地，是中外文化交流的平台，是加强中国人民与世界各国人民友谊合作的桥梁。阿克托别师范学院孔子学院自创办以来，走过了5个春秋。5年来，在孔子学院中哈全体领导和教师的共同努力下，在哈萨克斯坦人民热情的配合下，吉尔吉斯大学孔子学院蓬勃发展，取得了许多可喜的成绩。初步在哈萨克斯坦阿克托别师范学院建立起了以孔子学院为骨干的汉语教学体系。目前，已基本在全国每个州建立了汉语教学点。不仅面向大中小学进行汉语和文化传播，同时孔子学院抛开学校教育的局限性，将语言和文化传播延伸至校外，为许多社区和社会人士提供了学习汉语的机会，同时开展了丰富多彩的文化活动，加强了文化间的交流，受到了社会各界的支持和好评。孔子学院本着中外合作办学的宗旨，在平等、互助的基础上，坚持坚持"外方申办，双方自愿，平等合作，互利共赢"的原则，协助办学的作用，并依靠当地政府和社会各界的力量，做到多方合作，灵活办学，其中90%以上是中外高校合作创办的。孔子学院在办学的过程中，总结经验，积极探索建立了一系列管理机制和规章制度，孔子学院的发展与进步，离不开孔子学院教师们的贡献和辛劳。同时孔子学院走出校园，深入各地大中小学、政府、企业，借助传媒平台，在社会大众中开展汉语教学和文化传播活动，建立起"没有围城的孔子学院"，获得了较好的效果，受到了广大哈萨克斯坦人民和驻哈中石油、中石化、西部钻探等大型中资企业的热情欢迎。虽然许多课堂规模不大，但意义重大。受中国文化的内涵。面向社区及主流大中学、企业、国际区域组织等，孔子学院举行的各种文化活动更是不胜枚举。

（2）孔子学院秉承孔子思想搭建文化桥梁

随着中国文化几千年的积淀，中华文化越发的博大精深，耐人寻味，中国的传统思想对中华文化的形成及发展起着决定性地作用，尤其是儒家思想，更是中国文化的主流，深深地影响着我们每一个炎黄子孙，孔子的文化价值观更是影响着中国、甚至影响着世界。孔子的思想价值观可以说是中国文化价值观的精髓，"货恶其弃补地也，不必藏补己，力恶其不出补身也，不必为己。是故谋闭而不兴，盗窃乱贼而不作，故外户而不闭，是谓大同。"这样区区百余字文字，却能概括那么高的政治经济和社会理想，简直是世界文献史上的奇迹。孔子的仁爱具有超越民族、超越宗教的思想特点。在伦理思想方面，孔子提出"仁者，爱人"，把自己想要得到的好处也给予别人，另一方面"己所不欲，勿施于人"，自己不想得的东西、不想做的事情，绝不要强加于人。在这里，孔子的思想表现出对人的平等相待和尊重以及对完善的道德人格的追求，是"人本主义思想"的明确体现。同时，受儒家思想影响中国文化核心价值观还有"和而不同",是说人们应该既要尊重他人的观点,同时又能够坚持自己的观点,既不影响别人的发展,同时自己也能够很好的发展,做到共赢、双赢。强调人们可以有不同的地方,但是要和谐,这种文化内涵,在当今世界非常受欢迎,正是有这样的优点,中国文化才能更好、更长远的发展下去。所以孔子学院在文化传播上,本着"求同存异,以和为贵"的原则进行了语言与文化的传播,为构建和谐世界做出了自己的贡献。同时,孔子的思想时刻强调,要讲"义"必须"言忠信,行笃敬",讲求诚信,诚信是金,讲信用一直是我们中华民族的传统美德。孔子学院也本着诚信办学的思想,努力进行汉语传播,弘扬优秀的中国文化,同时在传播中去了除糟粕文化,批判性地进行了继承和传承,向世界展示了中国文化优秀的一面。为中吉两国的文化交流搭建了桥梁,成了两国文化交流的纽带。孔子学院作为文化传播的一座桥梁,发挥了其文化传播的作用,对中吉两国在文化交流与合作方面产生了深远和重大的意义。中国有着五千年的文明,中国的大圣人孔子曾想要"乘桴桴于海",将他的思想传播出去。而今,孔子学院的诞生就完成了他的这一梦想。孔子学院的建立,不仅仅是简单的教育问题,还是中国软实力的一种体现,而且也是孔子思想的现实实践,是他的理想的实践。眼下,国际上学汉语的人越来越多,他们不仅仅是对中国好奇,更重要的是对博大精深的中国的文化而好奇。很多外国人并不了解中国,但是通过海外的孔子学院,他们才知道一个真实的中国是什么样子的。一张小小的剪纸,一副红红的对联,还有一张张脸谱,都有太多太多的文化在里面,他们吸收着中国几千年来灿烂的中国文化。孔子学学院秉承孔子的优秀思想,传播了优秀的中国文化,为中吉两国的文化交流做出了重要的贡献。

(3)孔子学院坚持互信共赢、与时俱进

全球一体化的进程日益加快,各国之间的共同利益日益增多,加强合作与交流,也成了各国之间的共同选择。而人文合作对于增进政治互信、加强经贸交流有着不可替代的作用,语言作为文化的载体和交流的工具,正是加强不同国家和人民之间人文交流与合作、加深理解与友谊的桥梁和纽带。而孔子学院学通过语言的传播,使中吉两国能够更好交流与合作,学习汉语语言,对于实现中吉平等合作、互利共赢,促进人类文明的多样性发展,推动和谐世界建设,具有重要意义。语言是交流的基础,要想让世界更多地了解中国、了解中华文化，汉语发挥着至关重要的作用。中国在世界上开办孔子学院，是想让世界更好地理解中国，能够帮助各国人民学习汉语，了解中国，促进世界多元文化的和谐发展。现在哈萨克斯坦孔子学院办的如火如荼，哈国人通过孔子学院获得了更多地学习汉语的机会，更好地了解了中国、中国文化，进一步深入地了解了中国，为两国和谐关系做出了贡献，提供了更多的平台，使两国进行了更广泛的文化交流与合作。因此，哈萨克斯坦孔子学院顺应时代之需，进行语言文化传播，满足了哈萨克斯坦人民学习汉语的愿望与热情，增进了中国与哈萨克斯坦人民之间友谊合作的创新之举。哈萨克斯坦孔子学院本着与时俱进的思想，深深地将中哈两国联系起来，搭建了一座坚实的中哈友谊之桥。哈萨克斯坦孔子学院正以蓬勃发展的态势在吉尔吉斯各地奔走，走向希望了解中国，喜欢了解中国的大街小巷，而这座文化桥梁将会越建越长，越搭越好。

（4）孔子学院加强了中哈两国的文化合作与交流

孔子学院的建立，加强了中哈两国的人文合作，促进了中吉两国在文化上的交流。哈萨克斯坦孔子学院本着平等、互助，共赢、双赢的合作原则，积极开展与哈萨克斯坦各高校建立往来，开展多方面文化交流与合作。孔子学院与哈方高校建立了多元化的合作关系，包括汉语教学，科研项目研究及教材编写等。为加强双边交流，孔子学院多次组织多次举办汉语教学研讨会，使本土教师与中国教师进行了广泛而深入地交流，互相学习，取长补短。同时，积极组织对本土汉语教师的培训，并经常邀请他们去中国高校，进行短期的培训和学习，从而提高本土教师的专业素质。哈萨克斯坦孔子学院每年挑选当地优秀的学习汉语的学生，赴中国参加夏令营，免费学习汉语及体验中国文化四周，让学生们亲自去感受中国，了解中国，从而真正地喜欢中国。对非常优秀的学生，还设有奖学金，向他们提供去中国免费学习的机会。孔子学院组织的夏令营活动和奖学金生项目积极调动了学生们学习汉语的积极性，提高了学生们学习汉语的热情，促进了国际汉语传播的工作。同时，还设有交换生项目，中国的学生可以在哈萨克斯坦免费学习，哈萨克斯坦的学生被送往中国免费学习，进一步加强了中哈文化双向的交流。

二、哈国国际汉语教育发展中存在的问题

尽管哈萨克斯坦孔子学院有了长足的发展，但是还存在着较多的问题。既有哈国政府对汉语教育持谨慎态度带来的问题，也有本土汉语教师素质参差不齐、汉语教材匮乏的问题，更有孔子学院的定位和如何发挥作用的问题，分析这些问题产生的深层次原因，将有助于推动哈国国际汉语教育事业的发展和繁荣。

（一）课程设置中存在问题

在世界各地的汉语教学过程中，使用母语进行讲解汉语知识的情形十分普遍，比如，我们调查到的这十所高校的本土汉语教师都比较注重语言对比讲解，不太注重语言技能训练。此外"译"的教学也占有相当地位，如在对哈萨克斯坦阿拉木图哈中语言学院学生的调查显示：他们认为口语最重要，其次是翻译。我们看到目前流行的汉语综合教材基本上较少涉及语言对比和翻译，而专门针对翻译专业的小语种翻译理论与实践教材也是寥寥无几，没有选择的余地。哈萨克斯坦本土教师普遍反映，中国推广的汉语教材不适合哈萨克斯坦的教学环境和教学目标，因为缺少适合哈萨克斯坦语言国情的三语（汉－俄－哈）翻译教材，他们无法开设汉语言专业翻译课程。

汉语教学应本着学生的听、说、读、写全面提高的方针来进行教学，从而使学生能够比较全面的学好汉语，能够更好地达到语言交际的目的。因此，在汉语教学中，课型的设置，起着很重要的作用，目前，哈萨克斯坦孔院在课型设置中也存在着一些问题。

主要如下：首先，有一部分汉语教师忽视了对学生汉语听说能力的培养，听说课程没有设置或者听说课课时量太少，没有认识到听说课的重要性。同时，在设置汉语听说课的教师中，听说课的数量较少，远不能满足学生听说的愿望。而且，在一些听说课上，教师说得多，而学生说得过于少，甚至在有些教师的听说课上，教师与学生几乎是用俄语对话，对汉语的输入量很低。很多教师没有设置专门的汉字写字课，而是在精读课中穿插着讲解汉字，学生无法在有限的精读课上真正地理解汉字的真谛，无法真正地掌握汉字的写法。汉语中初级课程较为完整，中国文化课则薄弱得多，文化课程设置较单一，一门"中国文

化"课想要涵盖初中、高级各阶段文化教学和中国文化诸多内容是不可能的。我们应该让外国人更多地了解中国儒学、道教、佛教和中国独特的价值观。应该邀请国外汉学家和国内的文史哲专家共同承担这些课程的教学任务,并拍摄精品文化课程以供教师参考或学生观摩。仅是简单地介绍了中国文化的一些现象,传播有关中国文化的价值观、伦理道德等内容的课程较少,如孔子的思想、中国哲学、中国宗教等课程非常欠缺。目前,哈萨克斯坦的汉语课堂课型主要是精读课,部分学校的部分年级设置了听说课和为数不多的文化课。总体上,课型单一,且文化课太少且形式单一,中国文化课,是各个年级合堂学习,以讲座的形式呈现,且每学期也只有十六个课时,中国文化课过于单一,过于程式化、简单化。

其次,有些学校把汉语课程设立为选修课,尤其是一些中学,以培训班的形式开展汉语教学。这样汉语课就成了选修课,相对于必修课程的外语课来说,人数就少了很多,而且课程的重要性和受重视程度也大打折扣。

同时,孔子学院没有发挥多媒体硬件设施的优势,除了课堂教学,孔子学院还应发挥多媒体等硬件设施的优势来更好地传播语言和文化,但是,目前许多老师没有很好地利用多媒体设备进行语言文化传播,许多教师忽视了多媒体的作用。声像媒体作为远距离教学的主要手段,在汉语教学中发挥着重要的作用。它打破了时空的限制,缩小了汉语师资的差距,真正做到了教育资源的共享。它为确保汉语教学质量提供了必要的前提条件,为进一步实施汉语远距离教学打下了基础。但目前,在哈萨克斯坦,媒体教学没有得到很好地利用。

(二)本土教师的双语水平普遍较低,缺乏理论知识与实践

第一,哈萨克斯坦本土教师缺乏。从哈国的师资构成来看,严重缺乏有经验,汉语能力强的本土教师。首先哈萨克斯坦汉语教师数量严重不足,像阿拉木图这样的一线城市尚且存在汉语教师不足的问题,边远地区汉语教师更是十分短缺,有些学校不得不聘用一些达不到任职要求的汉语教师,教学质量难以保证。其次,汉语教师整体水平达不到开设翻译课程所需的标准。据统计,本土教师是哈萨克斯坦汉语师资队伍中的中坚力量,占汉语教师总数的84%,其

中大部分是来自中国新疆的哈萨克族移民①。"他们中间还有相当一部分教师是'民考民'出来的，他们在中国接受初中等教育时上的是哈萨克民族学校，自身的汉语知识、汉语水平还不够"②，因此难以胜任需要精通两种甚至是三种语言语法结构并熟知其文化内涵的翻译理论与实践课程。最后，本土教师未能接受针对性较强的在职培训。近几年新疆师范大学和新疆财经大学承担了中亚各国汉语教师的暑期培训任务。从参加培训的学员构成来看，以汉语教师方向的应届毕业生和年轻教师居多，而所开的培训课程也没有涉及语言翻译对比及其教学技巧方面的内容。

中国公派教师欠缺，由于哈萨克斯坦汉语教学起步比较晚，跟中国合作开办的孔子学院，汉语培训中心，孔子课堂较少。相应的中国派送的教师数量也较少，而且多集中在孔子学院，各大高校几乎没有外教。汉办外派教师数量少，质量参差不齐，远远不能满足培养应用型、高层次、国际化语言服务人才的教学目标。国家汉办派出的汉语教师承担着一部分汉语教学任务，他们虽然都是大学教师，也通过了国家汉办公派汉语教师的选拔考试，但是，大部分在孔子学院开展短期汉语培训工作，而且专业背景各异，缺乏汉语作为第二语言的教学实践经验，尤其缺乏所在国语言技能，难以胜任翻译课程的教学工作。以哈萨克斯坦现有的四所孔子学院为例，10 名公派汉语教师中，2 名博士，8 名本科生，其中 2 名副教授，8 名讲师，且基本上都不是科班出身的汉语教师③。显然，以这样的师资结构要开设本科学历汉语言专业翻译课程很难通过当地教育部门的审核④。据南哈萨克斯坦友谊大学语言学院汉语教研室负责人反映，他们因为缺乏相关的师资无法开设翻译课程。

第二，汉语教师的质量有待于提高。哈萨克斯坦的汉语热升温较快，学习者越来越多，迫使很多教学机构降低门槛招聘汉语教师。这样一来就降低了哈

---

① 该数据截至 2012 年 3 月。参见李建宏、古丽尼沙·加马力（2013）哈萨克斯坦国际汉语教育现状与发展对策，《新疆社会科学》第 2 期.

② 同上.

③ 同上.

④ 哈萨克斯坦教育部 2008 年 5 月 28 日发布的№506 命令，要求新开本科课程教师学历博士、副博士需达到 45% 以上.

萨克斯坦汉语教师的质量，也降低了哈萨克斯坦汉语教学的质量。大部分教师的汉语水平、中国文化了解度和教学技能都不能成为合格的汉语教师，普遍存在的问题集中在汉语语音、声调和汉字书写两方面。比如本土教师教过的学生，基本上不能够读准声调，而且很多音节的发音严重受母语影响，发音带有很强的母语调，即使是中国教师花很大工夫给这些学生纠音，获得的效果也不太明显。而且，这种现象在哈萨克斯坦是很普遍的现象。在哈萨克斯坦，学生的汉语启蒙大都由本土教师完成，老师的语音、声调和书写问题会直接传递给学生，这样就会恶性循环下去。其次，本土教师在汉字教学中，没有遵循汉字的规律，没有遵循科学的汉字教学法，甚至自己经常写一些别字、倒笔画，从而教出的学生也都是倒笔画，没有理解汉字真谛，而是在教学生"画"汉字。

第三，部分汉语教师中华文化素质过于欠缺，中华文化知识储备不足，中华文化修养有待提高。有很多教师都没有读过经典的中国古代哲学思想的典籍，对中华文化的精髓掌握地不够深刻，缺乏中华文化的理论修养。在教学中存在的一个问题就是：就语言教学而教学，忽视了文化方面的传播，教师在教学中，涉及关于文化方面的内容较少，主要是纯语言教学，没有把语言与文化有机地结合起来，没有突出文化教学的重点。学生们学习汉语，也往往只单纯地学习语言，对于文化方面的知识了解得很少，因此对有些语句深层次的含义无法理解。例如，有些字词，虽知道字面意思，却不知其背后的文化背景，因而导致不能够准确而深入地理解这些词句。目前，许多汉语教师传播文化地主动性不够，没有认清海外汉语教学的性质和目的，很多老师在传播中国文化过程，认为自己是中国人，自己就是按着中国文化的方式行事的，因此就照着书本上的内容讲解，遇到学生提出的一些有关中国文化反面的现象，常常是这样回答，"这是中国人的习惯，或汉语就是这样说的"，缺乏耐心，敷衍了事。再者，在文化传播的过程中，汉语教师自身对中国文化的立场不够坚定，常常摇摆不定。许多教师在遇到一些文化问题时，不能够依附中国文化去判断一种文化现象，没有坚持自己的立场，许多年轻教师却倒向了西方文化观的立场，这种现象对中国文化传播非常不利。在教学过程中，有些教师总是以"我"为中心，带有绝对自豪感、民族文化优越感，而忽视了目的国优秀文化，忽视了受众的文化背景及价值观等，从而影响了传播的效果，引起了文化不适应或者反感、抵触，甚至冲突，阻碍了语言和文化的传播，严重影响到学生们的学习。不同的民族，不同的国家，有着不同的文化差异，有着不同的历史和地理环境差异，有着不同的宗教信仰，有着不同的喜好和忌讳。因此，在汉语教学中，不同文化的差异也影响着学习进度和学习效果。在汉语教学中，应考虑到文化差异的特点，多举例子，要照顾到文化差异性，避免文化冲突早造成的语言学习障碍。孔子学院在中国文化传播的内容上需要进一步拓展和深化，中医、太极拳、中国武术、美术、艺术等内容过于单一，在这方面的教学和宣传上还相对薄弱。另外，在文化课及开展文化活动方面，传播不均衡，对于出孔院总部以外的教学点、孔子课堂来说接触的机会比较少，尤其在首都以外的地州城市中，学生接触和感受这方面信息的机会非常少。

（三）政府支持力度与市场需求不相适应

根据中国教育部 2012 年公布的统计数据，哈萨克斯坦来华留学生人数为 8287 人，在世界各国来华留学的人数中排名第十，在中亚居第一位。哈萨克斯坦青年之所以选择来华学习汉语一是中哈两国的经贸关系不断发展，需要大量通晓汉语的人才，二是来中国学习交通便利，学费也相对较低。随着越来越多的哈萨克斯坦人意识到学习汉语的重要性，汉语正逐步成为一种新的"强势"语言，这使得哈萨克斯坦青年的留学热情持续高涨。但是哈萨克斯坦国内汉语教育市场的发展与旺盛的市场需求不成正比。我们在哈国的汉语推广之路并不平坦，可谓任重而道远。这种局面的形成与哈萨克斯坦政府对推广汉语文所持谨慎态度不无关系。

近年来在哈萨克斯坦经商和务工的中国人口急剧增加，根据非官方统计，哈萨克斯坦现在约有 30 万中国人，这种状况加深了哈萨克斯坦政府和民众对中国的防范心理。此外，境外突厥语言文化圈的哈萨克族对中国文化的认同和欣赏度都比较低，他们担心中国文化的渗透影响本民族文化传统的纯洁性。因此，我们在汉语推广过程中出现的问题就被放大，导致汉语教育事业还处在起步阶段就遭遇挫折。

阿拉木图市是哈萨克斯坦汉语教学的中心，其师资水平、学生数量、教学规模在哈萨克斯坦可谓首屈一指，中小学汉语课程的开设可追溯到 2002 年，开设学校是阿拉木图市第 62 小学。据不完全统计，截至 2011 年 11 月 20 日有 8 所中小学①开设了汉语课程,按一所学校平均 1000 名学生计算,近万名中小学学生在学习汉语。尽管一周只有一到两个课时,但毕竟已经进入了中小学教育体系,是一个良好的开端。但是由于我们的"丝绸之路学汉语系列教材"中的《汉语》(中小学教材)哈文内容有严重的印刷错误②,被哈萨克斯坦媒体曝光,在哈萨克斯坦造成严重的负面影响,2011 年 11 月 20 日哈萨克斯坦教育部发布命令取消所有使用该教材的中小学的汉语课程。调查中我们了解到修订中的这套教材将弱化中国文化元素,比如将用"纳吾鲁孜节"取代有关"春节"的课文。

(四)缺乏与哈国相适应的国际汉语教学学科体系

上述调研结果表明,哈萨克斯坦国际汉语教育已经初具规模,迫切需要发展适应当地特点的教学形式,对教学方法、教材编写、培养模式都提出了新的要求,学科建设和发展也应该与时俱进。

2012 年 4 月 19 日首届哈萨克斯坦共和国汉语教学研讨会在阿斯塔纳欧亚大学孔子学院召开。这样的研讨会是学科建设的好的开端。另外,哈萨克斯坦唯一一所从事国际关系与外国语教学与研究的大学——哈萨克斯坦国际关系与外国语大学的汉语教师也有合作编写的辞书类成果问世。但是作为国际汉语教学的学科建设,仅有一次学术交流,几本词典问世是很不够的。一门学科,必须有自己特定的研究对象、研究内容、研究目的和理论体系。从纵向说,就是要研究学生从开始学习到真正掌握汉语的过程;从横向说,就是研究总体设计、教材编写、课堂教学和测试等全部教学活动。在上述几个方面,无论是哈萨克斯坦孔子学院的公派汉语教师,还是本土教师都鲜有个人成果发表。

调研结果显示,在哈萨克斯坦本土教师占 84%,也就是说,大部分哈萨克公民在自己的国度由本国人教授他们学习汉语,那么哈萨克斯坦的汉语教育的发展就有赖于这些一线教师。目前,哈萨克斯坦国际汉语教育学科建设滞后的原因如下:首先是孔子学院师资薄弱,还不具备开展学术研究的条件,其次是教师队伍不稳定,两年一个任期是孔子学院学术研究缺乏长远规划的原因之一;

---

① 第 12、34、36、62、105、126、148 和阿布赖汗私立学校。

② 哈文 6 个字母(н 、н、о、ө、ү、y)在印刷中出现混用错误。

三是具备学科研究基础的本土汉语教学部门，在师资和教学资源方面却有诸多困难，如汉语水平较高、教学经验丰富有学术研究潜质的汉语教师难有接受指导和锻炼的机会。

（五）本土化教学体系薄弱

教师、教材、教学法这三个问题始终是汉语国际教育的基本问题，在这三个问题中，教师的问题是核心。（崔希亮，2010）

有学者指出，要使汉语在全球升温，可持续发展，一个非常重要的工作是培养出一批非汉语国家自己的师资，即本土化教师。哈萨克斯坦汉语师资本土化建设中亟待解决的问题有两个：一是大部分本土教师从中国移民之前没有语言教学经历或者不是师范类院校毕业，只能在教学中积累经验，其成长需要漫长的过程。他们最需要汉语和专项技能培训；二是哈萨克斯坦高校现有的85名本土教师远远不能满足教学发展的需要，解决师资数量的困境迫在眉睫。

1. 教材方面

第一，本土教师教材使用混乱，教材的使用没有针对性，甚至有些本土教师没有固定的教材，教师在黑板上抄写生字词，配有俄语或者吉尔吉斯语翻译，然后找一些简单的汉语句子教授学生，随意性较大，缺乏系统性和准确性。有的教材是俄罗斯编，这些书上基本上是俄语，汉语很少，相当于参考书，却被当作汉语教材使用，导致学生们输入的汉语材料更加少，影响到了汉语教学的正常进行。

没有选用本土化教材的教学单位被问及原因时选择了"水平不高"。已经投入使用的哈文注解《汉语》（中小学版）反馈过来的信息也从另一个方面说明，没有经过充分的论证，没有以哈萨克斯坦的外语教学标准为纲领，编写之前没有弄清楚本土化的特征和表现形式并不局限于所使用的说解语言的本土化教材，受到冷遇或出现问题在所难免。

第二，教材数量奇缺，这是个大问题，学生没有书，有很多学生不复印，尤其是中小学的学生很多都不复印教材，下了课仅靠笔记本上的东西还是很有限的。而且，对于初级班的学生来说，刚开始写一些太复杂的汉字，对汉字学习很不利，应从简到繁，但没有教材，只能抄写所有的生字词。是当需要背课文等时，需要花费上课时间抄书，就使教学时间白白流失。

第三，我国对外汉语教学的教材有很多，已经完全可以满足外国人对汉语的需求，但很多教材对一些经典教材一味地低水平的重复，缺乏教材思想和体例上的改进。甚至有些教材在编写的过程中，由于缺少基础性的一些研究，过于统一化，缺乏科学性，缺乏严谨性，教材。由国家汉办和中亚汉推基地共同规划的《丝绸之路学汉语系列教材》已经启动编写。系列教材面向中亚，分五大语种九大种类，涵盖大学、中小学、社会学习、商贸、旅游和学习词典各种类型。

第四，教材的品种缺乏多样性，缺乏实用性。对于短期学习和自学使用的教材极其缺乏，中高级的教材也大大不能满足学生的需要。缺乏综合性和弹性。教学单位普遍反映，本土化教材编写规划有问题，急需的教材没有列入计划，如，专业汉语教材、翻译课高级阶段配套教材、文学专业汉语系列教材等。

第五，汉语教材过于依赖目的语。翻开许多汉语教材，发现俄语和汉语几乎对半，这样长时间会使学生依赖俄语，并且大量的减少汉语的输入量。我们应该采取"用汉语教授汉语"的模式。例如，在吉尔吉斯俄语学校的俄语教学对吉尔吉斯族或者除俄罗斯以外的民族来说就很成功。我们应该借鉴他们用俄语教授俄语的方法。缺少系统的经典的吉尔吉斯语教材，因为在吉尔吉斯有些偏远地区学生俄语很差，这样在使用俄语版的汉语教材中，对意思的理解有偏差，理解起来比较吃力。

第六，中国文化教材不足。在大部分孔子课堂或教学点上仅有《中国文化常识》《中国历史常识》《中国地理常识》等教材，这些教材显然无法满足教授和传播中国文化的需要。

2. 教学法方面

本土汉语教师多沿用传统的"翻译教学法"，比较依赖学生母语，注重语法对比，课堂以教师讲解为主。但是本土教师也有先天优势：他们具备使用所在国语言进行交流的能力，熟悉教学环境，了解学习对象的特点，热爱中国文化。而我国目前派出的汉语教师有的并不能完全胜任工作，究其原因，无非是"缺乏适应与国内教学很不相同的教学方法和适应当地情况的能力。"[1]

---

[1] 许琳. 汉语国际推广的形势和任务 ［J］世界汉语教学，2007，（2）.

（六）孔子学院缺乏明确的定位，服务功能仍有可提升空间

通过一年多的考察和了解，笔者认为，哈萨克斯坦运营中的四所孔子学院虽然取得了一定的成绩，但目前的工作还存在着很多问题，在哈国的发展面临着诸多矛盾。从客观方面来讲，哈国政府层面仍对孔子学院持谨慎态度，这直接影响到合作方对孔子学院各项工作的支持力度，加之落实外方第一，中方协调的合作机制，致使孔子学院中方院长难以发挥领导作用。但是主观上，哈国现有的孔子学院本身定位不准确，没有能够很好地发挥汉语教学辐射带动功能，帮助中小学开设汉语课程。他们拥有较好的教学资源①和国内合作院校的强力支持却都未能走出孔子学院，跟当地众多的汉语培训中心和中小学建立联系，基本上处于各自为政的状态。总之，因为与当地政府教育主管部门缺少沟通和合作，没能成为汉语教师各种诉求的表达载体，本土汉语教学单位在教学方面遇到的问题，只能由他们自己解决。

（七）汉语学习者的情况

1. 欠缺持久性和良好的学习习惯

哈萨克斯坦学生，一般在学习的初期，常常表现得较为积极、主动，但随着时间的推移，迟到、旷课的现象渐渐增多。而且大多数人经常不做作业，没有预习和复习的习惯。他们在课堂上的自我约束较差，没有良好的学习习惯做支撑，短期记忆得不到重复操练，无法形成长期记忆，终究无法落实到学习汉语的长期效果上，成绩不甚理想。

2. 回避困难，努力程度不足

哈国学生的母语哈文和俄文都是拼音文字，了解了每个字母的发音，基本上就能依据拼合规律了解词语的发音。而古老的汉字属于表意文字，从字形上不能直接了解发音，对于初学者而言，不仅每个汉字的读音和写法要依靠记忆，而且还要依靠记忆在这两者之间建立起牢固的联系。拼音文字和表意文字的这种区别，使得哈国学生的母语（或第一语言）为汉语学习带来负迁移。汉字是由笔画构成的，对于习惯了拼音文字的人来说，写汉字本身就是一大困难，常常不是多一画就是少两笔。因此，在读和写的环节上，母语为拼音文字的学生

---

① 孔子学院建设中可得到孔子学院总部最低 15 万美元启动资金以及 3000 册图书的支持。

普遍表现出对汉语拼音较高程度的依赖，哈萨克斯坦的学生在这方面表现得尤为突出，很多学生对认读汉字特别是书写汉字产生了畏难情绪，其中的大部分人不是下定决心攻克难关，而是采取回避策略，"君子动口不动手"。具体表现在，在零程度入学的初级班学习了两个月之后，超过40%的哈国学生在课堂上被要求朗读课文时，仍然完全把目光盯在注音部分而不是汉字部分。从现实生活来看，不会读、不会写似乎对一般性交际没有太大影响，他们有他们的办法，比如用拼音给中国朋友发短信。于是，相当一部分学生便对汉字采取"回避"策略。这样一来，就很容易造成听说与读写的脱节，短期内可能没有明显的影响，但是随着学习的深入，必然会逐渐显示出局限性，带来汉语学习后劲不足的现象。一旦学生在阅读、听课的过程中出现了看不懂、读不出的问题，这种问题势必会越来越严重，即我们通常所说的"跟不上了"，他的学习兴趣也就逐渐丧失了。

3. 高度容忍错误，自我评价高

哈萨克斯坦学生不善于分析错误，因而常常不断地重复同样的错误。而他们在日常学习生活中，由于急于表达，对于表达中的错误就时常采取高度容忍的态度，致使这些错误日积月累，在到达中级阶段以后，纠错的任务变得异常的艰巨且收效甚微。另一方面，他们对自我的评价往往较高，不易发现或忽略自身缺点，更无法有意识地加以纠正。因此，从考场出来的哈萨克斯坦学生被问及"考得怎么样"时，80%以上会说"很好"，事实上他们的成绩常常不尽人意。

三、哈萨克斯坦国际汉语教育发展对策

(一) 办好新疆"汉语国际推广中亚基地"

办好新疆"汉语国际推广中亚基地"，提升中方院校支撑能力，加强区域国别研究，充分发挥孔子学院综合文化交流平台作用。重点加强俄语或当地语言师资培养培训，提升中方院长和教师跨文化交际能力，一国一策、一校一策办好孔子学院，推动孔子学院参与中国与哈萨克斯坦文化、教育、科技、旅游、商务等各领域的务实合作。

（二）加大对哈萨克斯坦孔子学院支持力度

是扩大中亚国家孔子学院奖学金、"孔子新汉学计划"、"汉语桥"夏（冬）令营招生规模，支持各国孔子学院培训本土师资，开发本土教材，并积极与当地教育主管部门合作，推动将汉语教学纳入国民教育体系。

（三）推动相关政策的制定与落实

是贯彻落实党的十八届三中全会精神，会同有关部门制订并出台鼓励中资机构、社会组织等参与孔子学院建设的政策，推动我在中亚国家中资企业更加广泛深入地参与和支持当地孔子学院建设，实现两者的互利共赢。

（四）汉语推广事业与学科建设相结合

国际汉语教学主要包括两个方面：国际汉语推广事业；国际汉语教育学科。二者相得益彰，互相促进。事业需要规模，政府应投入相当规模的人力、物力、财力，以便把事业做大做强。学科建设不但应有明确的目标，更要有学术研究的氛围、学术成果的涌现。因此，哈萨克斯坦现有的孔子学院应该发挥资源优势，采取学术研究与本土教师培养相结合、短期培训和长期培养相结合的措施，与当地大学汉语教学机构密切合作，制定研究规划，加强汉语教育学科的体系建设。当务之急是拟订海外版汉语言专业的教学大纲，对教学对象、培养目标、学制和学分、课程设置、教学原则和要求、测试等做出明确的说明，审视已有的教材编写规划，做出及时调整。

国际汉语教育作为一项国家和民族的事业，已经纳入国家对外发展的战略格局之中，为国际汉语教育学科的发展提供了物质保障。反过来，汉推事业的发展需要强有力的学科支撑，因此，在注重规模的同时，一定要抓好学科理论建设、学科队伍建设和学科人才培养。尤其要重视本土教师在学科建设中的作用，哈萨克斯坦国际汉语教育学科建设没有占绝对多数的本土教师的加入，将成为无本之木。

（五）提高翻译教学在汉语教学中的地位

中国已经成为世界第二大经济体，与世界各国间的交流越来越频繁和深入，且涉及政治、军事、文化、科学、艺术等诸多领域，这就需要更高水平的翻译人才。因此，我们认为，如果汉语国际教育不重视培养翻译人才，那么我们就没有达到教学目标，也很难通过我们培养的学生将中国的灿烂文化介绍给世界各国人民。

从翻译教学对第二语言习得的作用来看，两种语言的对比分析有着事半功倍的效果。因为我们的教学对象是成年人，他们已经具备了第一语言的知识系统和语言能力，在学习中，自然会将目的语跟母语建立联系，如果没有教师的有效引导，母语不仅在语音、语义、句型和语法上干扰目的语学习，还在思维定式和文化迁移上给学习者以干扰，以致引发语用失误。因此，在国际汉语翻译教学中，运用对比分析具有积极的作用。

翻译是语言能力的重要组成部分，对学习语言专业的学生而言，学习目的就是使其能在两种不同语言中成为一座联系的桥梁，那么翻译能力就是学生语言学习水平的高低的一个重要表现。对汉语专业的毕业生来说，他们的汉语水平主要体现在口笔译能力上，他们的听、说、读、写几种能力最终都要从翻译能力上体现出来，因此可以说，翻译课是汉语学历教育各个阶段非常重要的必修课。

（六）加强哈萨克斯坦国际汉语教育的本土化

在哈萨克斯坦哈语教学中，本土化教材、教师、教学法相关问题的研究制约着日常汉语教学的各个方面。哈萨克斯坦汉语教育的地域特点，决定了对汉语教材、教师和教学法的不同要求。

1. 编写高质量、本土化的汉语教材

访谈中不少高校本土汉语教师提出希望参与编写教材的意愿，与此同时已经参与到"丝绸之路"系列汉语教材编写的本土教师也提出了对合作方式的建设性意见，如希望孔子学院的汉语专家提供咨询服务，帮助审核课文和例句。希望孔子学院介入本土教材规划、编写、试用、出版发行的全过程，以免因质量问题造成负面影响，等等。

目前在哈萨克斯坦北京语言大学出版社出版发行的俄语和英语注解的教材广受欢迎。教材实现本土化可作为长远规划，组织安排三方面（孔子学院、哈萨克斯坦教育部门、新疆出版社）的专家学者，同时要吸纳一线汉语教师参与，在对象国开展深入细致的调研，研究成功或不成功的本土化教材，总结经验教训，在编写过程中小范围试用，征求意见，不断改进完善，最终形成内容、趣味、功能完美结合，适合多层次教学需求的本土化教材系列。

2. 促进汉语教师师资本土化建设

随着海外汉语教学向全方位国际传播这一转变的逐步深化，加强海外汉语师资的本土化，建立本土化汉语师资培养体系的必要性越来越迫切。

（1）确定培养对象，量化培养标准

首先建立本土教师信息数据库，确定培养对象，其次根据培养对象的情况制定培养方案，量化培养标准。比如，阿克纠宾州有很多中小学打算开设汉语课程，但不想接受志愿者教师，希望培养自己的汉语教师。孔子学院可以把他们推荐的教师或者社会上有志于汉语教学的大学毕业生作为培养对象，根据教学层次制定培养目标。少则一年（初级），多则两三年（中级）。采取"一加一"的模式，即通过一年的学习达到 HSK 三级之后，一部分直接去教学点教授小学汉语课程；其中的佼佼者在合作院校的配合下继续深造一年，全面培养语言运用能力、中国文化以及教学技能，达到五级之后可以成为高年级汉语教师；对于有潜力，有希望成为专家型教师的，可推荐学习汉语国际教育硕士学位，为孔子学院学科建设储备人才。

（2）加强本土汉语教师培训的实效性

根据目前新疆师范大学和财经大学中亚汉语推广基地进行的本土教师培训项目来看，基本上以单项注入式培训为主。依据汉语作为第二语言教学更注重实践性、操作性的特点，也由于海外本土汉语教师具有了从业经历与经验、很多人无法参加长期、系统的培训，我们认为，本土汉语教师培训"更应以在短时间内通过优化的培训使学员获益最大化为目标，坚持适切、多维、实用的培训原则，以问题为导向，以任务型培训模式为核心，以学员为中心，通过学员间在完成任务过程中的互动合作，激发学员参与、体验的热情。"（郭凤岚2012）

（3）构建本土教师培养体系

《孔子学院章程》明确规定了孔子学院业务范围，5 条之中就有 2 条涉及汉语师资问题："培训汉语师资，提供汉语教学资源；开展汉语考试和汉语教师资格认证业务。"由此可见，孔子学院的目标定位应该包括教师培训。孔子学院公派汉语教师不仅应该承担起培训本土教师的重任，还应该为他们创造参与学术研究的条件。在孔子学院师资力量不足的情况下，大力培养、重用本土教师，既可以节约国家投入，又可以发挥当地教师的特长，有利于孔子学院在哈萨克斯坦"落地生根"。

孔子学院应该争取使其组织的汉语教师培训的学时得到本地培训学院的认可，并将培训实施计划纳入到教师培训学院的计划中。以阿克纠宾师范大学孔子学院为例，孔子学院的公派汉语教师被列入到教师培训学院队伍中，在教学的计划、培养模式被接受的同时，孔子学院将完成纳入本土教育体系的过程。为此建议派遣专家型国家公派汉语教师，在担任相应的授课任务的同时，其职责首先是培养、选拔、考核和发展本土汉语教师。

3. 推进汉语教学本土化研究工作

海外汉语教学与国内对外汉语教学存在差异，主要有以下两个方面：一是语言环境不同，国外缺乏汉语的感知机会和使用环境；二是教学主体相对单纯，具有一致的语言文化背景。正因为如此，国际汉语教学应该充分考虑到所在国的国情，针对教学对象的文化背景和学习特点进行本土化的汉语教学。本土化教材是本土化教学法形成的基础，因为任何一种教材都是具体的教学理念的集中体现。比如，美国 Thomson 出版公司和北京师范大学联合出版发行的《加油》，以美国教育部"21 世纪外语学习标准"（1999 年修订出版）为纲，以沟通为核心目标，教和学两方面都围绕着这一目标的实现，取得了事半功倍的效果；《汉语语言文字启蒙》（法国白乐桑 1989）提出的"字本位教学法"经久不衰，它的成功经验说明，在确定教学法时，不可忽视的是汉语学习的难点、外国学习者认识和体验汉语的出发点和兴趣点。这是本土化教学方法研究的核心内容。

4. 孔子学院学历教育纳入哈萨克斯坦教育体系

目前哈国的四所孔子学院只有非学历汉语教育，没能够进入在哈萨克斯坦的教育体系，低层次重复的结果导致高投入低产出。具体来讲，短期培训难以培养出高级汉语人才；教学层次单一，生源流失量大，难以办出自己的学科特色。

孔子学院未能开展学历教育的原因有以下几点：孔子学院师资达不到哈国教育部规定；孔子学院未能建立在合作院校原有的汉语教学机构的基础上；在签署执行协议时没有明确的学历层次的规定。

如果孔子学院在创建之初就将开展学历教育列入议事日程，并且按照办学规格派遣相应的师资，则第一个问题迎刃而解；调查中我们了解到，哈萨克斯坦高校汉语教学单位并不排斥孔子学院，关键是合作机制问题；双方在签署执行协议前经过充分地沟通，将自己的办学层次作为重要条款明确下来是可能的。

经了解，伊犁师范学院与哈萨克斯坦阿布赉汗国际关系与世界语大学共建的汉语培训中心因设在该大学原有的汉语教研室，优势互补、取长补短，使这所大学成为哈萨克斯坦汉语教学的成功典范。

巨大的市场需求为我们创造了机遇，因此孔子学院应延伸发展，利用汉语师资存在的大量缺口，开设"汉语言"、"中国文学和文化"、"商贸"、"翻译"等方向的专业，以扭转高投入低产出的局面。

孔子学院要想提升内涵、提高质量，培养出真正有水平的双语人才，就必须从创立本科学历教育开始。

第二节　孔子学院——"一带一路"的桥头堡

中亚国家的民众和在新疆的中亚留学生对"丝绸之路经济带"、"一带一路"的社会认知从三年前的不认同和怀疑到今天要求了解关注并参与的转变是一个积极的变化。我们通过对哈萨克斯坦、吉尔吉斯斯坦、塔吉克斯坦等国家高校的大学生和在新疆的中亚留学生发放问卷 800 多份，还访谈了不少中亚国家的学者、教授、企业经理人和商人。调查显示，我国在中亚国家建有 9 所孔子学院、20 多个孔子课堂及 70 多个分支教学点，中亚国家想学汉语的人不断增加，有 41.7% 的被调查者希望去孔子学院学习汉语，近 60% 被访者只是知道孔院，但具体是做什么的不了解，这说明孔子学院还需加强在当地国家的宣传。中石油等在中亚国家的企业经理人提出，孔子学院在国外不是单一的语言教学机构，希望能帮助中国企业做好信息的传播和人才支撑工作。被访者，尤其是在新疆的中亚留学生有 80% 的人对"丝绸之路经济带""一带一路"表现出极大的热情，决心要学好汉语，将来积极参加"丝绸之路经济带"研究及相关工作，中亚高校的被调查者还要求孔子学院、中亚高校及任课教师能及时将"丝绸之路经济带"的相关信息传播给他们。

孔子学院作为沟通中外文化桥梁和深化友谊的人文纽带,已成为中华文明与各国文明互动互鉴互融的重要途径,也成为"丝绸之路经济带"民心相通的坚实桥梁与沟通平台。

孔子学院自2004年成立至2014年,10多年间取得了骄人的成绩。从2004年11月12日,全球首家孔子学院在韩国的首尔落户。截至2014年底,全球126个国家、地区建立了475所孔子学院和851个孔子课堂。孔子学院设在120国家(地区)共475所。累计注册学员345万人,有61个国家和欧盟已将汉语教学纳入国民教育体系,全球汉语学习者已达1亿,比十年前增长33倍。10年来,孔子学院以语言为媒,以文化为桥,成为深化人文交流的响亮品牌,共举办文化交流活动近10万场,受众达5000万,120多个国家,14万师生和校长等应邀访华,有100多个国家超过50万的大中小学生参加"汉语桥"比赛,还积极开展中医、武术、烹饪、职业技能培训等特色活动,深化了各国人民的友好情谊。

(一)"一带一路"战略背景

一带一路是"丝绸之路经济带"和"21世纪海上丝绸之路"的简称,2013年9月和10月,由中国国家主席习近平分别提出建设"新丝绸之路经济带"和"21世纪海上丝绸之路"的战略构想。"一带一路"是合作发展的理念和倡议,是依靠中国与有关国家既有的双多边机制,借助既有的、行之有效的区域合作平台,旨在借用古代"丝绸之路"的历史符号,高举和平发展的旗帜,主动地发展与沿线国家的经济合作伙伴关系,共同打造政治互信、经济融合、文化包容的利益共同体、命运共同体和责任共同体。"一带一路"贯穿亚欧非大陆,一头是活跃的东亚经济圈,一头是发达的欧洲经济圈,中间广大腹地国家经济发展潜力巨大。

丝绸之路经济带重点畅通中国经中亚、俄罗斯至欧洲(波罗的海);中国经中亚、西亚至波斯湾、地中海;中国至东南亚、南亚、印度洋。"一带一路"涉及65个国家和地区,从路线上看,一带一路经过的国家包括东亚的蒙古在内,东亚有10国;以伊朗、伊拉克为代表的西亚有18国;以印度、巴基斯坦为代表的南亚有8国;以哈萨克斯坦、乌兹别克斯坦为代表的中亚有5国;以俄罗斯、乌克兰为代表的独联体有 7 国；以波兰、立陶宛为代表的中东欧有 16 国，可见，"一带一路"经过的国家众多。

（二）孔子学院在"一带一路"中的战略角色分析

1. 传播中华文化

推进我国文化传播，尊重文化多样性文化是民族的血脉，是人民的精神家园。《孔子学院章程》明确规定，孔子学院作为非营利性教育机构，其宗旨是增进世界人民对中国语言和文化的了解，发展中国与外国的友好关系，促进世界多元文化发展，为构建和谐世界贡献力量。一个国家的文化就是一个国家精神的产物，文化的传播必须要尊重世界文化的多样性，孔子学院在文化传播中通过中外联合办学，在尊重别国意愿的基础上成立的。孔子学院重要的是不仅可以让外国人了解中国语言，更是通过开展丰富多彩的教学和文化活动，让外国人参与其中。例如，"汉语桥"中文比赛是国家汉办主办的大型国际汉语比赛项目，旨在激发各国青年学生学习汉语的积极性，增强世界对中国语言与中华文化的理解，在中国与世界各国青年中间架起一座沟通心灵的桥梁；2014 年 9月份举办的全球首个"孔子学院日"，共举办 3900 场，参与者超过 1000 万人；还积极介绍中国的国粹京剧、脸谱等。在"一带一路"建设愿景和行动的文件发布中，特别强调倡导文明宽容，尊重各国发展道路和模式的选择．加强不同文明之间的对话，求同存异、兼容并蓄、和平共处、共生共荣。孔子学院在传播过程中正是在基于尊重文化多样性的基础上，构建起人与人之间、国与国之间的桥梁。

2. 展示国家形象

增强国家文化软实力国家形象是"国际社会公众对一国相对稳定的总体评价"，良好的国家形象是一个国家走向世界的通行证，是国家软实力的主要组成部分。文化传播是一种国家形象的柔性传播，与传统的经济、政治外交相比，文化传播是一种潜移默化的、润物细无声般的渗透。孔子学院的成立就是建立在双方自愿基础上，通过开展活动，如"文化年""孔子学院日"等活动积极地向外传播中国文化，实现国家形象的柔性塑造。《马可·波罗游记》中讲述了中国的富饶，但是在八国联军侵华及一系列不平等条约签订后中国彻底沦丧，中国的形象也彻底沦为懦弱，从此一蹶不振。但是新中国建立及经过 80 年代的改革开放之后，中国经济稳定增长，使国外重新审视中国。孔子学院是中国形象的名片，这是最好的比喻。国家汉办主任许琳曾表示："中国汉语国际教育工作，作为中国国际战略中的一部分，是传播中国语言、弘扬中华优秀文化、推动中华文化走向世界、树立我国良好国际形象的基础工程。"据统计，近年来学习汉语的人数不断增加，世界上把汉语当作外语学习的人数已经超过1亿，有100多个国家的2500余所大学和越来越多的中小学开设了汉语课程。据教育部网站消息，2014年共有来自203个国家和地区的377054名各类外国留学人员，在我国31个省、自治区、直辖市的775所高等学校、科研院所和其他教学机构中学习，比2013年增加了20555人，增长比例为577%，以上数据均不含港、澳、台地区，不难看出汉语言及我们国家的吸引力。孔子学院总部总干事兼国家汉办主任许琳在"孔子学院助力'一带一路'战略"中提到，"孔子学院是一个推动中国与其他国家之间对话的平台。"她相信，孔子学院对于"一带一路"沿线国家的贡献和重要作用会随着时间的推移越来越重要。

3. 提升国家文化产业竞争力，促进国家对外出口

"孔子学院是迄今中国最好最妙的一个出口产品，是中国实施和平外交战略、提升国家软实力的重要措施。"美国《纽约时报》曾如此评价。国家汉办主任许琳说，孔子学院已成为体现中国"软实力"的最亮品牌，孔子学院已经成为当代中国"走出去"的符号。同样肯定了孔子学院在传播中国文化中的作用，也不难看出孔子学院作为一种力量优势，表现出中国文化及语言对国外的吸引力及外国意欲了解及走进中国的愿望，当然这也与中国稳步增长的综合国力有关。

目前，在国际文化市场上，美国文化产业贡献值占3165%，日本占1243%，德国占624%，中国占611%，其他国家占4358%。可见，我国文化产业在综合国力贡献值方面与其他行业相比还是有很大距离的，同样文化事业在提升我国文化产业方面还是有其自身的缺陷的。不可否认我国在文化产业发展方面有很大的滞后性，但相比我国从80年代开始的真正腾飞，就不难解释文化产业的落后。

在十八大报告、两会报告关于文化建设取得成绩的总结中肯定了我国文化产品更加丰富，文化产业快速发展，文化软实力显著增强等这一好的趋势。

　　"一带一路"孔子学院于对外直接投资的影响幅度要甚于其对贸易的影响。这一点在意料之中，一方面因为在对外直接投资的抉择因素中，信任发挥着至关重要的作用，而文化和语言熟悉程度恰恰增强了信任这一因素。另一方面（相对于对外直接投资），确立贸易关系的着眼点更偏重于贸易成本方面的考虑。

　　孔子学院在与他国交往过程中，更能潜移默化的影响他国对我国的态度，文化是无国界的，转而减小与他国的交往成本并取得信任。因而，在"一带一路"战略中更好地发挥文化反哺经济的作用。"一带一路"大背景下，通过借助孔子学院文化建设，扎实推进孔子学院品牌，积极与"一带一路"沿线国家积极推进文化建设，如汉语言推广及中国文化活动的开展，提升我国文化的影响力，建设社会主义文化强国。

　　4. 促进和加强其他国家和人民对中国的了解和认识

　　明确阐明中国坚持走和平发展道路的立场之外，我们还需要促进和加强其他国家和人民对中国的了解和认识，而公共外交可以作为实现国家对外政策的手段之一。顾名思义，公共外交是指一国政府通过文化交流、信息项目等形式，了解、获悉情况和影响国外公众，以提高本国国家形象和国际影响力，进而增进本国国家利益的外交方式。孔子学院肩负语言和文化传播的职能，通过中外联合办学以及举办展示中国文化特色活动等文化交流更有利于深入外交职能的发挥，孔子学院在成立之初难免与国外当地政府打交道，通过这种文化的途径更能减少彼此的隔阂，就像中美乒乓球建交一样，殊途同归。

　　在"一带一路"建设愿景和行动的文件发布中提到，"一带一路"建设是一项系统工程，要坚持共商、共建、共享原则，积极推进沿线国家发展战略的相互对接。"一带一路"的实施不是中国自己进行的，是要靠沿线各国互联互通伙伴关系，构建全方位、多层次、复合型的互联互通网络，实现沿线各国多元、自主、平衡、可持续的发展。因此，我国必须要交好沿线国家，通过孔子学院助力，实现外交，政治，经济等多方面的合作。

一、搭建中亚孔子学院中国－中亚文化交流综合平台

　　进一步拓展功能，从单一的语言教学向综合文化交流、教育合作、科技合作、旅游合作、信息咨询等人文综合服务多元功能发展，不断提高孔子学院的办学质量，全面提升孔子学院成为"丝绸之路经济带"的桥梁及平台作用。

二、孔子学院应发挥智库作用加大所在国的国情时政研究

应加强"丝绸之路经济带""一带一路"区域及国别化研究，设立研究专项基金，培养研究团队，做好"丝绸之路经济带"人文领域的智库研究和建设工作，为"一带一路"保驾护航。

三、加大各国孔子学院与所在国中方企业的合作及交流

孔子学院及其中方人员可以为中国企业走出去提供信息沟通宣传，提供企业员工语言培训、文化传播等服务功能。

四、高度重视与"一带一路"沿线国家的学生交流与留学生培养工作

增强不同国家青年之间的了解和友谊、对不同文化的理解与社会的认同，发挥好留学生作为国家之间文化交流与合作的文明种子及世代和平友好的中坚力量作用。"一带一路"沿线国家的留学生未来必将成为"一带一路"的主力及各方交流合作的文化使者。

五、充分发挥孔子学院助力"一带一路"发展的作用。

充分发挥孔子学院既要在语言与文化传播中承担既有责任，又要充当我国交好其他国家的使者，助力我国"一带一路"发展战略的平台作用。

结　论

"一带一路"沿线国家的中国认同及启示

　　中亚地区各国在"一带一路"发展中占据核心区的重要战略位置，并且拥有丰富的自然资源，在中亚地区的竞争对手会越来越多、越来越强。中国要在激烈的竞争中站稳脚跟，更好地实现国家利益，在中亚民众心中树立一个负责任的大国形象，尤其是今天"一带一路"建设和发展，需要中国通过各种方式，向沿线国家讲好"一带一路"故事，传播好"一带一路"声音，为"一带一路"建设营造良好舆论环境，打造坚实广泛的社会基础至关重要，中国应加强和重视在"一带一路"沿线国家的国家形象塑造。

　　"国家间认同"是具有积极与消极双重作用的跨国认同。建构积极的"国家间认同"对"一带一路"方略推进与"丝绸之路新区域"治理有着决定性作用。具有中国思想渊源与丰富外交实践的"和合主义"价值范式，为"国家间认同"建构提供了理论指导。"和合主义"所追求的是创造一种体现"类价值"的"国际交往行为"以促进"国际合作"，这对开创"国家间认同"新维度，消解"一带一路"沿线国家的认同冲突有着重要意义。面对"丝绸之路新区域"治理的复杂语境，"和合主义"范式蕴含着中国式世界主义的价值，因而以"和合主义"为价值范式，打造利益共同体、责任共同体和命运共同体是"一带一路"沿线国家间认同建构的根本。"一带一路"方略的推进正在构造一个横跨亚欧非的新治理空间，这一由"一带一路"沿线国家构筑的"丝绸之路新区域"具有多重复合性的特点：既是国际的、又是区域的；既是双边的，又是多边的；既是陆上的，又是海上的；既是跨国的，又是跨洲的，还是跨文明的。探索这样一个新区域的治理，"国家间认同"显得特别重要。

一、加强"一带一路"人文交流中的中国文化传播与辐射，提升沿线国家对"一带一路"和中国文化的认同度，是解决"国家间认同"的主要途径之一

一百多年前，德国地理学家李希霍芬提出"丝绸之路"，被广泛引用。丝绸之路是一条横贯亚欧腹地，联系东西方世界的交通要道，它不仅是联系亚欧商贸的重要通道，更是一条沟通东西方文化与思想的大动脉。丝绸之路早已超越其最初地理学上的标注意义，成为中国联系西方世界的纽带。国家定位丝绸之路经济带"五通"建设目标，其中"民心相通"中很重要的问题就是文化的融合和交流。经济发展的核心是文化，没有文化的引领，经济不可能发展上去。"一带一路"的文化交流彼此交融多向穿插，沿线国家国民对中国文化的理解也不尽相同，中国文化在沿线国家的传播不可能做到均匀传播。"文化先行"已然是业界的行动共识。

从"一带一路"战略提出伊始，她就从未被媒体冷落过。"一带一路"的价值逐渐得到沿线国家的认同，并积极参与到造福沿线各国人民的实践中来。这样良好的局面得以按照规划成型，其中一个重要保障因素是中国文化在沿线国家有效传播。综合考虑中国文化在经济带上的传播现状，下面分析一下中国文化的丝绸之路经济带上的传播成效以及存在的问题。

1. 成效。"一带一路"可以分期分阶段实现既定目标。这一构想在空间上大致分五个区段：东亚段、中亚段、西亚段、中东欧段、西欧段。时间上可以按近期、中期、远期来分阶段建设。重新激活这条古老的贸易通道，对于沿途国家的经济建设、地区繁荣乃至世界经济的平衡都具有重大的战略意义。"文化先行"拉近了中国和沿线国家的心理距离。经过几年的努力，中国文化在丝绸之路沿线国家传播的成效显著，中亚是丝绸之路走出国门的第一站，在中亚国家传播好中国文化，讲好"中国故事"，为后续"一带一路"各方面建设提供经验。

首先，中国文化的良好传播和自身魅力促进了汉语教育事业在沿线国家火热发展。以孔子学院为代表的非营利机构一直在积极开展汉语教学和中华文化传播，这是一直主流传播力量。孔子学院规模和传播力度越大，中国文化传播的效果越好。反过来，中国文化的魅力通过孔子学院、孔子课堂被沿线国民学习、认同和喜爱，积攒了良好的口碑，进而促进汉语教育事业的发展。孔子学院像一个个小太阳一样，照亮了中国文化传播之路。孔子学院对丝绸之路经济带的贡献主要有：一是孔子学院、孔子课堂开展"汉语教学活动"和"中国文化课程"全面系统，在当地形成影响力。孔子学院传播的中国文化都是优质文化，不同于广播电视媒体或互联网传播的中国文化，没有体系，甚至是污蔑中国的报道。课堂教学和课外活动互相配合，有效地在沿线国家青年群体中传播了当代中国文化和社会正能量。二是孔子学院提供孔子学院奖学金，举荐大量优秀人才到中国参加夏令营或到中国高校留学，为"丝绸之路经济带"建设提供了新鲜血液。三是孔子学院组织举办面向"一路一带"的学术研究，促进中国与沿线国家文化交流，增进了彼此的理解。

其次，中国文化在沿线国家的传播展示了真实的中国形象，帮助沿线国家国民正确了解当代中国，防止敌对势力绑架民意，污蔑中国，取得了不错的效果。长期以来"三股势力"在中亚地区肆虐，严重影响了中亚国家的发展与稳定。费尔干纳谷地目前是宗教极端势力的重要营地。境内反动势力与境外恐怖分子勾结，进行破坏油气管线等恐怖活动威胁着沿线国家以及中国国民的安全。部分西方媒体和境内外极端势力同流合污，不遗余力地传播负能量，在沿线国家民间造势抹黑中国。所幸中国文化的有效传播使正能量占据了上风，有良知的沿线国家国民有自己的眼睛和判断力，抵御负能量的侵蚀。

第三，中国文化在沿线国家的汉语学习者、来华留学生、本土教师、开明的商人、学者等群体中得到有效传播，壮大了"知华友华"力量。孔子学院的学生和本土教师，在本国就可以与来自中国的志愿者和教师了解中国，通过参与学校的活动体验中国文化的魅力。开明的商人以其智慧和商业嗅觉，较早认识到"丝绸之路经济带"的价值，并积极寻求机会参与建设经济带，他们也乐意主动了解中国，学习中国文化，更交了很多中国朋友。来自沿线国家的留学生群体就更积极了，他们要求参与到"丝绸之路经济带"的具体工作中，积极参加中国亚欧博览会、选择有关"丝绸之路经济带"的毕业论文或参与相关的调查研究工作中。

第四，中国文化在沿线国家的有效传播，吸引越来越多的中国企业参与"丝绸之路经济带"建设。随着中国经济的发展，科学技术实力的增强，中国企业在世界各地投资建厂，拉动当地生产力，解决就业问题。但是企业毕竟要考虑生产成本、管理成本、人力资源等,所以在投资过程中,企业对往哪里投资持非常慎重的态度。丝绸之路经济带沿线国家的中资企业越来越多,与中国文化的有效传播是分不开的。孔子学院等机构培养了一批会汉语、了解中国文化的高素质人才,这些人才不但能较快地融入企业,适应企业文化,而且在参与管理企业中创造属于自己精神财富,随着中国文化被沿线国家国民理解。

2. 不足。在中国文化传播过程中,沿线国家之多,国情之复杂,或多或少地存在一些不足的地方。

首先,传播中国文化必须要建立在全面考虑沿线国情,深度解读该国语言文化等相关政策的基础之上。比如土库曼斯坦比较富裕,当局一直持谨慎的语言政策,至今没有建立孔子学院,但是土库曼斯坦依然有3所高校开设汉语课程。我们的目标不是当前非要在土库曼斯坦建立孔子学院不可,而是要尊重土库曼斯坦的当前政策,在既定的政策下开展汉语教学活动,传播文化,并通过扩大民间交往、企业合作等形式弥补没有孔子学院的不足。

其次,目前中国文化传播的受众群体集中在学生、教师、商人、政界精英等群体,不足以覆盖沿线国家全部民众。拿留学生来说,如果他们归国后不是在中资企业工作,就往往缺少汉语的使用环境,长此以往,汉语水平必然倒退。如果是女性留学生,归国后成家生子,完全沉浸在母语中,她们曾经优异的汉语水平几乎无法通过母亲的角色传授给自己的孩子。

第三,少数商人营销的商品质量不过关,影响中国产品的口碑,因此中国政府、商会等有关部门需要加强出口产品的监管,打击唯利是图的不法商贩,以减少其对中国文化的传播不利影响。

第四,"一带一路"发展战略倡议坚持"和平合作、开放包容、互学互鉴、互利共赢"的精神。此战略涉及的国家、民族、语言众多,仅"丝绸之路经济带"核心区就与中亚8个国家接壤,是个多文化、多语种、多文种的地区。世界七大语系中阿尔泰语系、汉藏语系、印欧语系等三大语系汇集于此,覆盖了核心区与中亚、俄罗斯、蒙古等国家,语言问题错综复杂。"丝绸之路经济带"发展战略以经济发展为核心,在各类合作中,必将涉及政治、经贸、文化、旅游、法律、教育等多方面的语言问题,语言如何服务好"丝绸之路经济带"的发展,为其铺路排障。目前,"丝绸之路经济带"的"五通"各类小语种语言人才短，应尽快实施经济带上各国语言人才培养机制。

目前"一带一路"是整个国家面向世界的一个新的战略，基于独特的区位优势，中国新疆和中亚在"丝绸之路经济带"战略构想中都占据了重要地位。要想充分发挥丝绸之路经济带人文交流中中国文化引领与辐射作用，促进沿线各国民心全面相通。首先"丝绸之路经济带"不要仅看成一个经济的问题，还有大文化的概念，人文交流与商贸交流并进。在与中亚国家经济合作时，中国不能仅被看成是为中亚资源而来"做生意"，应更多加强人文交流，关心民生项目，为各领域合作提供民意支持。其次针对目前这两个区域都存在的一些反全球化、反现代化的极端思想，必须坚持在文化上先行，坚持树立马克思主义世界观和方法论，用辩证唯物主义去思考问题，坚持现代文化引领，发挥好"丝绸之路经济带"人文交流中的中国文化引领和辐射作用，为丝绸之路经济带沿线国家加强区域大合作创造有利的人文发展软环境，促进我国边疆社会对外开放，并以此为契机，实现我国边疆社会稳定和长治久安。

从辐射方式看，当前中国文化在丝绸之路经济带上至少形成三种辐射形式，点状辐射形式，线性辐射形式，面辐射形式。首先是点状辐射，孔子学院在经济带上传播文化的形式属于点状辐射形式。孔子学院立足沿线国家腹地，有的国家多，有的国家少，一般都在10所之内，像星星一样散布在沿线国家腹地。类似的点状传播方式还有中资企业，他们也根据市场的需要，布局在经济带上需要他们的地方，中资企业虽然不能像孔子学院那样系统地开展中国文化教学活动，但是中资企业生产的产品本身就代表了中国，属于器物文化范畴。第二是线性辐射，它是指在两个点之间文化传播，典型的例子是留学生从家乡出发到中国留学，形成"故乡－中国"的移动路径，发生在留学生出发地到留学所在的中国学校间的中国文化传播形式属于线性辐射。第三是面辐射，这类辐射主要是群体和群体之间的文化辐射，包括自发的民间文化交流，中国亚欧博览会，政府官方层面的交流等等。面辐射往往伴随着媒体的宣传，形成良好的传播效果，缺点是持续性不好，不论是政府的会晤还是博览会持续时间一般都少于一周。

我们认为，在充分考虑沿线国家国情和相关政策的情况下，尽可能增加点状辐射的密度、线性辐射的长度、面辐射的频度。也就是说，增加孔子学院或中资企业的数量就是增加中国文化的点辐射;增加"故乡－中国"的长度,变成"故乡－中国－中资企业",就是增加线性辐射的长度;一年内增加民间交流的次数也就是增加民间交流的频度,即增加了中国文化的面辐射作用。所有的点辐射、线性辐射、面辐射集合起来形成联系和互动,就组成了中国文化传播的网络。只有全力发展好这个传播网络,才能最大化地促进人文交流,服务沿线国家与中国命运共同体"丝绸之路经济带"。

二、加快构建孔子学院成为"一带一路"民心相通之桥,推进"和而不同"文化追求成为沟通沿线各国民心之思想基础,也是解决"国家间认同"的主要途径之一

孔子学院属于中国,也属于世界,其宗旨在于帮助各国人民学习汉语,了解中华文化,增进相互了解和友谊。2014 年是孔子学院创办 10 周年。10 年前,孔子学院从无到有,从小到大。全球已在 126 个国家建立 475 所孔子学院和 851 所孔子课堂,架起了中外语言文化沟通理解的桥梁,并以开放包容的心态展示"和而不同"的文化追求,这正是解决当前多元文化世界格局产生的很多难题所需要的思想基础,也恰是"一带一路"各国文化相互尊重作为经济合作的基础的思想引导。习近平主席在哈萨克斯坦提出复兴"一带一路"。如何保证"丝绸之路经济带"持续健康发展;如何将中华文化核心价值与"一带一路"沿线国家与民族的文化交流融合,使"古丝绸之路"重放光芒;如何使"和而不同"的文化追求深入沿线国家民心,继承"丝绸之路经济带"不同文化相互尊重的精神,有力提升沿线人文交流内涵。孔子学院作为沟通中外文化桥梁和深化友谊的人文纽带,已成为中华文明与各国文明互动互鉴互融的重要途径,也成为"一带一路"民心相通的坚实桥梁与沟通平台。

课题组调查数据已说明,如果"一带一路"沿线国家共同携手建设的社会群众基础不稳,积极性不高,会推迟或减慢"一带一路"的发展速度,影响目标的实现,也激发我们加大加快"一带一路"各方宣传及合作交流工作的步伐。今天的结果数据显示,70% 被调查者认为"一带一路"具有重大的发展意义,它将会连接带上众多国家,实现共同发展,共同进步,共同赢利。尤其是孔子学院的外国汉语学习者和新疆高校的留学生,85% 被调查者对"丝绸之路经济带"表现出极大的热情,决心学好汉语,将来积极参加"丝绸之路经济带"研究及相关工作,并提出孔院、高校及任课教师能及时将"丝绸之路经济带"的相关信息传播给他们。前后的调查数据形成鲜明的对比,充分表明"丝绸之路经济带"今天已得到沿线国家一部分群体,尤其是留学生群体的认同,并赢得大家共同参与和建设。当然,在我们的访谈中,被访谈者多次强调,希望加强"一带一路"各国文化交融,打开贸易交流合作的第一壁垒,希望加强区域大合作,创造有利的人文发展软环境,希望孔子学院目前作为中国中外共建的较为成熟的语言文化交流平台,能充分发挥好"一带一路"民心相通的桥梁作用。新疆作为"一带一路"核心发展区,要充分利用地缘优势和语言文化的优势,以构建"一带一路"为契机,以中亚等周边国家为依托,逐步辐射"一带一路"沿线的其他国家的人文交流与合作,以孔子学院及来疆留学生教育为重点,逐步推进教育、科技及文化全方位的交流与合作,加快构建孔子学院成为"丝绸之路经济带"民心相通之桥,推进"和而不同"文化追求成为沟通沿线各国民心之思想基础,促进"丝绸之路经济带"健康持续发展。

1. 积极发挥孔子学院综合文化交流平台的独特优势,进一步拓展功能,从单一的语言教学向综合文化交流、教育合作、科技合作、旅游合作、信息咨询等人文综合服务多元功能发展,不断提高孔子学院的办学质量,全面提升孔子学院成为"一带一路"的桥梁及平台作用,扩大新疆作为"一带一路"核心区的影响力。

2. 充分依托中亚孔子学院优势,拓宽"一带一路"框架下其他国家的交流平台,改变目前交流方式单一、交流平台狭窄的现状。加快建立"一带一路"沿线国家的各方交流合作机制及完善孔子学院平台建设,加快与上合成员国家的大学合作,政府与民间各方合作。

3. 做好服务于"一带一路"建设的人才需求培养工作,依托孔子学院及新疆高校教育平台,探索各类专业学历留学生人才培养的新机制,新思路。高度重视与"一带一路"沿线国家的学生交流与留学生培养工作,增强不同国家青年之间的了解和友谊、对不同文化的理解与社会的认同,发挥好留学生作为国家之间文化交流与合作的文明种子及世代和平友好的中坚力量作用。"一带一路"沿线国家的留学生未来必将成为"一带一路"的主力及各方交流合作的纽带。

4. 加快完善孔子学院教师、教材及各项运行机制建设。目前，新疆已在中亚国家建有 7 所孔子学院、12 所孔子课堂及 20 多个汉语教育中心，但近年相关研究结果显示，孔子学院各方面内涵建设亟须加强。所以应加强"一带一路"区域及国别化研究，设立研究专项，培养研究团队，做好"一带一路"人文领域的智库研究和建设工作，为"一带一路"发展保驾护航。

三、加强服务于"一带一路"的语言规划研究，提升"一带一路"沿线国家语言传播能力的培养，从语言相通到民心相通，也是解决"国家间认同"的主要途径之一

"一带一路"建设的核心内容是"政策沟通、设施联通、贸易畅通、资金融通、民心相通"，而语言相通则是实现这"五通"的重要基础之一。"一带一路"发展战略倡议坚持"和平合作、开放包容、互学互鉴、互利共赢"的精神。此战略涉及的国家、民族、语言众多，"一带一路"发展战略以经济发展为核心，在各类合作中，必将涉及政治、经贸、文化、旅游、法律、教育等多方面的语言问题，语言如何服务好"丝绸之路经济带"的发展，为其铺路排障。"一带"涉及的区域范围极其广泛，有陕西、甘肃、青海、宁夏、新疆、重庆、四川、云南和广西壮族自治区等 9 个省市自治区。在国家政策的导向上，内蒙古自治区也纳入了"一带"的范围。由于东北三省特别是黑龙江省与俄东部地区有密切的经济合作关系，再加上西伯利亚大铁路建设等因素，这些省区也成了"一带"的重要沿线区位。"一路"主要涉及江苏、浙江、广东、福建、海南等5 省，并在政策上将山东、河南纳入"海上丝绸之路"的战略实施范围。由此观之，在现有的 55 个少数民族中，国家"一带一路"发展战略涉及的跨境民族有蒙古族、朝鲜族、哈萨克族、俄罗斯族、维吾尔族、藏族、柯尔克孜族、塔吉克族、塔塔尔族、傣族、独龙族、布朗族、佤族、阿昌族、德昂族、壮族、苗族、瑶族、彝族、景颇族、拉祜族、怒族、京族、哈尼族、傈僳族、门巴族等 30 多个民族。这些边境线上的少数民族，大部分至今仍在保持使用本民族的母语，并同时在使用着跨境通用的民族文字。仅"丝绸之路经济带"核心区就与中亚 8 各国家接壤，是个多文化、多语种、多文种的地区。世界七大语系中阿尔泰语系、汉藏语系、印欧语系等三大语系汇集于此,覆盖了核心区与中亚、俄罗斯、蒙古等国家,语言问题错综复杂。

1. 服务于"一带一路"的语言规划应当统筹国内和国际语言生活两个大局,既要探讨国内语言生活、语言生态的变化趋势及其对策,又要分析沿线国家和地区的语言生活、双边和多边交流的中的语言使用,更要思考旨在争取人心、赢得民意的人文交流对语言文字的需求。要深入研究"一带一路"建设的语言需求,包括沿线国家对汉语和我国民族语言的需求,制定专门的语言规划,加快培养相关人才,创新语言资源开发,构建相应的语言服务体系,尤其是要在与沿线国家的语言文化融通方面发挥积极作用。

2. 国家开始实施的"一带一路"发展战略,是一项以经济建设为主导,促进沿线各国经济繁荣、政治互信、文明互鉴、共同发展,造福各国人民的伟大事业。推进这项伟大事业,离不开语言保障。"五通"的关键是要搭建人心联通桥。如果人心不通,任何合作都会寸步难行。通过语言文化交流,增进彼此了解和友谊,探寻不同国家在文化、利益方面的契合点,促进文化互鉴和彼此认同,夯实民意基础,深植社会根基,可为经济合作和政治对话创造有利的条件。因此,语言文化融通是"一带一路"建设的基础工程、先导工程和民心工程。厦门大学教授、国家语言资源监测研究教育教材中心主任苏新春则认为,"一带一路"的延伸,首先是语言先行、沟通先行、发展和谐关系先行。应在"一带一路"所经之路,所往之国,打开语言认知、沟通的大门,更好地铺设起一条康庄大道。

3. 中国与"一带一路"国家分布着许多相同的语言,绝大多数跨国语言使用不同的文字体系,有的即使文字体系相同但字母设计存在一定的差别。而文字的差异不仅会影响书面交际行为,甚至可能导致文化传承、标准语认同和语言政策的差异。深入研究这些问题,制订恰当的交流合作策略,努力避免文字差异带来各方面的分歧、误解和冲突,是"一带一路"建设非常值得重视的研究。

4. "一带一路"建设是一项综合性、长期性的伟大事业,是国家发展的全方位推进,因而对语言的需求也将是多层面、全方位的。由于我国长期主要聚焦于欧美语言,对"一带一路"区域的语言关注不多,准备不足。无论是熟悉的语种数量、可用的语言人才，还是语言产品及相关的语言服务，都难于满足"一带一路"建设的需要。加快培养语言人才，针对不同区域、不同领域、不同层次的需求调整语言人才培养布局，改革培养模式，优化培养体系，提高培养质量。

5. "一带一路"中要充分发挥各民族参与的积极性与主动性，解决好国境线上的少数民族语言与文字问题，把国家的"兴边富民"政策落到实处以进一步实现"精准"扶贫的效果，而作为人类交际工具的语言文字，就应当在国家民族语文政策的正确引导下，将其纳入民族问题并成为一个重要组成部分去解决，我们的"一带一路"战略实施才会起到事半功倍的效果。

6. 新疆作为"丝绸之路经济带"核心区与中亚有着跨境民族语言、文化、宗教相通的优势，应充分利用和发挥好这些优势，需要政府、相关研究机构从宏观层面做好"丝绸之路经济带"核心区语言服务的总体设计，促进"丝绸之路经济带"民心相通的保驾护航作用。

7. 继续发扬古丝路精神，进一步光大"和平合作、开放包容、互学互鉴、互利共赢"的新丝绸精神。古丝路上梵语、于阗语、藏语、回鹘语、粟特语、汉语等多语种文书，摩尼教、祆教、基督教、犹太教、佛教等多宗教文献及文物，显示出当时人们对不同语言文字、不同宗教信仰、不同民风习俗的尊重和包容。鸠摩罗什、玄奘的翻译成就加快了不同文化的融合与交流。今天的新形势要求各研究团体、高校加快展开服务"五通"发展的语言研究和多元文化交流与传播研究。

8. 加强中国与带上国家人文交流及青年群体间的合作，做好"丝绸之路经济带"建设及发展人才支撑工作。人才是实施"五通"建设的保障，从政府到高校，应该关注经济带发展中各类语言人才的培养，建立专业人才培养机制，完善培养制度，加快高校与政府、研究机构、企业等联合培养人才、科研合作等方面的合作。"丝绸之路经济带"引起了中亚国家及来疆高校学习汉语的留学生群体的认同和关注，并赢得大家共同参与和建设。这部分群体为"一带一路"建设和发展注入了新鲜血液力量。我们应发挥好孔子学院的外宣平台作用及加大中国与沿线国家青年人各方面各领域的交流、合作及培养工作。

9. 充分发挥互联网+语言的作用，积极面对语联网需求的挑战。"一带一路"战略构想,覆盖了中亚、南亚、西亚等六十多个国家、近四十亿人口,涉及官方语言达四十余种。其内涵之一就是打造现代化的跨国互联互通体系。互联互通中的语言服务设施就是最基础的软设施,语言不通则文化经济难以"走出去",也会制约当前沿线国家深化合作的进程。因此,作为承载语言服务的多语港,是跨国、跨语种互通的枢纽和转换机,必然需要先行在"一带一路"的重点领域,加快扬帆起航发展的步伐。传神以"语联网"的大客户产能为基础,集成应用了众多技术成果和实践,研发了向面跨国、跨语种一系列应用产品和行业解决方案,如 amt365 外贸通、旅行真人译、火云译客、高校译云、国际专利等,成为多语港建设和有效运营的基础。把云计算和嵌入技术用于多语港去黏着客户门户网站,这在国际上尚无先例,它方便地将区域的门户网站直接扩展成多语港的外围信息网,使得在投资成本较低的条件下,形成动态、时实的生态多语信息转换网站。该技术已先后用在楚天多语港,广外传神多语港、金华多语港,在"点对多"的前台、后台互动服务上取得较大的成功,为大规模普及应用多语巷提供了技术和模式的保障。承担多语服务的多语港,在跨国沟通、交流中起着语言转换桥梁作用,犹如水电服务模式一样,成为"一带一路"上不可或缺的软基础设施。多语港以跨境、跨语言服务为核心,实现与全球化网络服务平台对接,使我国企业或国民能够直接与沿线国家进行广泛的合作与交易,构建无语言障碍的全球跨国多语服务网。同时,加强中亚国民能听懂及看懂语言的有关"一带一路"信息的发布及宣传工作。中亚各国目前一直在强化及提升各国母语的地位和使用水平,但俄语依然在国家的各个领域占有重要的地位。"一带一路"的提出,会伴随着很多时代性较强的新术语产生,而如何准确翻译新术语,避免出现"他国"国民理解上的误区和误解就尤为重要和迫切了。

四、加强"一带一路"背景下中国跨境民族的中国文化认同,已然成为也是解决"国家间认同"的主要途径之一

"一带一路"沿线涉及许多中国跨境民族,这些跨境民族虽然分属不同的国家和地区,但文化风俗相同,血脉相连。加强中国跨境民族的中华民族认同,增进跨境民族内部和跨境民族之间在经济文化方面的交往、交流与交融,用经

济文化纽带将中国跨境民族与整个中华民族连为一体,培养他们树立中华民族共同体意识,对于改善周边关系、保证"一带一路"战略的顺利实施、打破西方国家的经济封锁与政治孤立都将发挥决定性的作用。以实施"一带一路"战略为契机,积极探索增强中国跨境民族中华民族认同的构建途径,不仅对于解决我国的跨境民族问题有重要意义,而且对于实现世界民族的"和平跨居"也有重大启示。

西北地区是我国传统丝绸之路最重要的通道,也是当今我国民族问题最突出的地区。西北边疆与俄罗斯、哈萨克斯坦、吉尔吉斯斯坦、塔吉克斯坦、阿富汗和巴基斯坦接壤,分布着哈萨克族、柯尔克孜族、塔吉克族、乌孜别克族、俄罗斯族、塔塔尔族、回族等跨界民族,除回族外,其他各族主体均在境外,且多建有主权民族国家。从历史上看,这些民族同中国既有经济文化的密切交流,也有战争与冲突。冷战结束后,第三次民族主义浪潮兴起,民族分离主义思潮极大地影响了这一地区,这也是这一地区民族问题复杂的原因之一。最突出的表现就是东突民族分裂主义与国际恐怖主义。20世纪90年代以来,该组织活动猖狂,在我国新疆地区煽动民族分裂主义情绪,策划一系列恐怖事件,成为我国"三股势力"最集中的地区,严重影响社会稳定与国家统一。此外,该地区还存在哈萨克族跨国移民问题、跨国贩毒走私问题等,这些也成为实施"一带一路"战略的重要障碍。这些非传统安全问题的存在,都不利于"一带一路"战略的顺利实施。而要想解决好这些问题,从根本上讲,需要增进跨境民族的经济文化交流,培养中华民族共同体意识,增强他们对中华民族的认同。

第一,增强中国跨境民族的中华民族认同,有利于解决民族团结与国家统一问题,为"一带一路"战略的实施创造一个稳定的国内环境。我国民族分裂势力、极端宗教势力和国际恐怖势力活动比较猖獗的地区基本都在跨境民族地区,增强中国跨境民族的中华民族认同,有利于清除"三股势力"的破坏活动,保持边境地区社会秩序的稳定,实现民族关系的和谐,为"一带一路"战略的实施创造一个良好的国内环境。

第二,增强中国跨境民族的中华民族认同,增进跨境民族境外部分与境内部分的文化交流与情感维系,有利于双边增强政治互信和政治安全,为"一带一路"战略的实施创造一个和谐的周边环境。中国跨境民族境外部分与境内部分民族同源、文化同根，历史上与中华民族都有着密切的经济文化交流，绝大多数跨境民族对中华文化有亲近感与认同感。以中华文化为纽带，加强双边的经济文化交流，可以唤起共同的历史记忆，增进了解，增强情感，增加互信，为"一带一路"战略的实施创造一个和谐的周边环境。

第三，增强中国跨境民族的中华民族认同，获得境外少数民族的情感文化认同和道义支持，有利于向世界传播中国正面的文化价值，提高中国的影响力。中国不仅是一个具有悠久历史文明的国家，也是一个爱好和平的国家。中国传统文化中"和而不同"的多元文化观念和"和谐世界"的理念有利于推动世界的和平与发展。西方媒体无视中国近年来民主政治建设的巨大成就，肆意歪曲事实甚至颠倒黑白，垄断了新闻传播的话语权。在西方新闻传播中的中国，是一个愚昧、落后、践踏人权、专制独断的国家，美国甚至曾把中国划入"邪恶国家"的行列，要改变西方社会对中国的负面印象，不仅需要国际社会的"中国声音"，也需要发挥中国跨境民族的作用。中国跨境民族的境外部分散居于世界各地，绝大多数加入了居住国的国籍，但他们认同中华文化，关心中国发展，他们对中国正面宣传的作用比国内对外宣传的影响更大，也容易获得西方的认同。通过发挥跨境民族境外部分在国际传媒方面的作用，客观全面地宣传中国文化，有利于向世界展示中国的良好形象。

第四，增强中国跨境民族的中华民族认同，团结境外的华裔华侨，可以提高中华民族的凝聚力，有利于打破现有的战略格局，建立公平合理的国际新秩序。20世纪90年代以来，随着中国经济的快速发展和综合国力的提高，"中国威胁论"在西方大肆流行，中国周边国家也有一种深深的不安全感。受"中国威胁论"的影响，不仅许多西方大国采取了扼制中国的政策，东亚、东南亚、南亚的一些周边国家也加强了对中国的对抗，在经济、领土争端等问题上摩擦不断，周边关系紧张。在西方国家的经济围剿与政治孤立中，团结跨境民族，争取他们在政治上和道义上的支持，发挥他们在民间外交方面的特殊作用，有利于打破现有的战略格局，建立公平合理的国际新秩序。

第五，增强中国跨境民族的中华民族认同，形成共同的文化信仰，有利于构建中华民族共有的精神家园，提高中国的文化软势力，实现中华民族的伟大复兴。构建中华民族文化的精神家园，对中华民族屹立于世界民族之林具有现实而重大的意义。绝大部分中国跨境民族都认同中华文化，他们关注中国发展，盼望中国富强。中华文化是中华民族之根，境内外的中国跨境民族拥有共同的文化心理结构、思维方式和价值观念，源远流长的中华文化是维系境外跨境民族与祖国人民血肉联系的精神纽带。"文化中国"成为超越地域、政治、阶层、宗教限定的全球华人的精神家园，为中华民族的伟大复兴提供了思想资源与精神支持。

第六，增强中国跨境民族中华民族认同的可能性目前我国的跨境民族多数分布于西北、西南边境，都处于传统"丝绸之路"范围之内，散居于世界各地的跨境民族是近代才移居国外的，在历史上受中国传统文化影响很深。比如，历史上西北地区的跨境民族通过"丝绸之路"与中原内地各民族经济文化联系十分密切，伊斯兰教和西域文化经过跨境民族区域传入中原地区，同样，在进行丝绸、瓷器贸易的同时，中原地区的文化也影响了跨境民族地区。汉、唐、元、明、清时期，中国政府在这一地区的行政管辖也大大加强了跨境民族地区对中原文化的认同。先进的中原文化一直是当时少数民族学习的榜样。西南地区的跨境民族地区是印度佛教传入中国的通道，也是中原文化教化推广的地区。在历史上，云南以南的东南亚地区经济文化非常落后，这一区域的国家长期隶属于中国，成为中国的藩属国，受儒家文化的深刻影响，至今仍保持中国传统的风俗习惯。东南亚地区是"海上丝绸之路"的必经地区，也是华侨华人集中的地区，对中国传统文化有亲和感和认同感。今天，中国实施"一带一路"战略，可以重新唤醒历史上中原民族与中国跨境民族友好交往的历史记忆，增强跨境民族对中华民族的认同。

截至到目前，哈萨克斯坦官方与媒体对"一带一路"这一构想表示欢迎，并且表达了参与的意愿。本研究调查结果显示，哈萨克斯坦目前针对"一带一路"所做的表态，可以从这一构想契合其地缘政治想象以及收益预期这两个方面得到说明。在此先就哈萨克斯坦精英尤其是哈总统纳扎尔巴耶夫有关内政与外交政策的重要表述，丝绸之路经济带的构想，契合哈萨克斯坦关于自身是古丝绸之路沿线国家及欧亚国家的地缘政治想象。与吉尔吉斯斯坦和乌兹别克斯坦有所不同，哈萨克斯坦不仅经常提及"丝绸之路"的概念并强调哈在古丝绸之路时期所扮演的积极角色，而且发展出一种"欧亚主义"的地缘政治想象，这种想象对哈精英和民众的影响比"丝绸之路"的想象更为突出。哈总统纳扎尔巴耶夫对本国处于欧洲、中东与亚洲三大区域之间的地理位置有着清醒的认识，他经常将哈视为一个"欧亚"国家。

基于独立二十多年来较为成功的经济转型。习近平选择在哈萨克斯坦首先提出丝绸之路经济带的构想，对纳扎尔巴耶夫关于哈的地缘政治想象做出了直接的肯定与呼应。因此并不奇怪，丝绸之路经济带得到了哈国媒体和国际问题专家的积极回应。习近平在纳扎尔巴耶夫大学首倡丝绸之路经济带，还进一步满足了哈渴望获得大国承认的心理需要。与其他中亚国家相比，哈萨克斯坦更为关注自身的国际声誉。哈对于欧洲国家的向往，在其 2008 年发布的文件《通往欧洲之路》和积极申办欧洲安全与合作组织轮值主席国峰会等事件中表露无遗。

因此，尽管主张在东方与西方之间保持一种平衡立场，但哈萨克斯坦首先期待的仍是融入欧洲。其中，俄罗斯是哈首要的合作伙伴、主要的认同对象，因为俄罗斯被哈视为欧洲文明的代表，也是通往欧洲的载体和中转站。根据研究，在国家身份方面，哈萨克斯坦明确将俄罗斯视为首要的参考群体。如此一来，哈萨克斯坦对丝绸之路经济带的认同与参与，不可避免受到俄罗斯提出的相关合作倡议的竞争。

在哈萨克斯坦"多角度"外交政策中，中国拥有一个重要位置。1992 年 5 月，纳扎尔巴耶夫在该国一家主流报纸上发表《哈萨克斯坦作为一个主权政府的形成与发展战略》一文，为哈后来的外交政策勾勒了整体框架。据此，哈致力于发展与世界几个关键地区和关键国家之间的友好关系，独联体国家、欧洲、亚洲、北美与太平洋地区这五个地区被确认为对哈具有战略意义的地区，俄罗斯、中国与美国则被确立为三个攸关哈未来的关键合作伙伴。哈萨克斯坦看重中国，除了中哈互为邻国之外，中国作为一个政治大国和哈可能效仿的发展模式，也发挥了重要作用。1994 年李鹏访问中亚国家后，中国能源公司积极介入哈萨克斯坦油气资源的开发，中国与哈萨克斯坦等中亚国家之间的关系发展很快。目前，中哈关系已经进入快速发展的轨道，双方确立了战略伙伴关系，在能源、交通、贸易、文化交流、安全等问题上展开广泛合作。这种发展主要是基于中哈贸易能为哈萨克斯坦提供大量的收益。2011 年 2 月 21—23 日，纳扎尔巴耶夫总统访华，双方签署了多个具有战略意义的协定，其中包括：中国向哈萨克斯坦国家财富基金提供17亿美元的贷款；双方签署合同，哈方为期十年向中方供应5.5万吨铀，市价超过80亿美元；中方给予哈方50亿美元能源基础设施项目贷款；中方为哈建设一家石化产品复合体，提供50亿美元贷款；在哈萨克斯坦西部开发乌里赫套气田；中方为哈建设和更新各种水电站和其他电站提供援助；中方与哈方合作开采伊尔科尔铀矿；中方为哈建设核电厂提供技术支持；建设从哈西部肯基亚克油气田抵达中国阿拉山口的天然气管线；中方帮助哈建设从阿斯塔纳到阿拉木图的高铁；建设一所哈中大学。上述项目涵盖交通、能源、文化等多个领域，合作范围广泛，合同金额巨大，均保障了哈对与中国合作的兴趣。2013年9月习近平访问哈萨克斯坦，再次为哈带去金额可观、收益丰厚的多个合作项目。其中包括：双方签署合同，中国石油天然气集团公司以50亿美元从美国康菲国际石油有限公司手中收购哈萨克斯坦最大油田——卡沙甘油田——8.4%的股份；双方签署开通别依涅乌—鲍佐依—希姆肯特天然气管线第一阶段的合同；此外，双方还签署了价值高达300亿美元的合同。加上中国与其他中亚三国——土库曼斯坦、吉尔吉斯斯坦与乌兹别克斯坦——所签署的合作协议，习近平此行共向中亚四国提供了超过480亿美元的投资和贷款协定。中国向中亚四国投入之巨，有研究者便将"丝绸之路经济带"构想称为中国针对中亚地区实施的"马歇尔计划"。面临如此丰富的获益前景，中亚国家对"丝绸之路经济带"表示欢迎再正常不过了。甚至有西方学者指出，经过近几年的发展，中国在哈外交政策中已经赢得了一种比俄罗斯更受欢迎的地位，并断言"如果不出现大的军事或地缘政治变动使阿斯塔纳接近莫斯科，那么，仅仅是中国日益增强的经济实力，就会导致中国这一边将很有可能主导哈萨克斯坦真正的外交政策，无论哈与其他国家签署多少合作协定"。同时"丝绸之路经济带"构建给哈完善其道路系统可能带来的具体收益。在丝绸之路经济带构想中，道路联通是其关键组成部分，它既是中国与经济带沿线国家政策沟通的内容，更是实现贸易畅通、货币流通、民心相通的基础。尽管丝绸之路经济带交通走廊的具体路线尚不明确，但上合组织拟议中的圣彼得堡－连云港通道很有可能成为丝绸之路经济带的一条主要干线。通过这条通道，大致可以发现丝绸之路经济带贸易大通道对沿途各国的发展所能带来的收益。圣彼得堡－连云港通道又称"俄罗斯－哈萨克斯坦－中国"跨境公路，总里程为 8445 公里，其中俄罗斯境内总计 2233 公里，哈萨克斯坦境内 2787 公里，中国境内 3425 公里。目前，中国通往圣彼得堡的贸易主要经过两条线路进行，一条是陆路，即经由西伯利亚铁路运输，平均需耗时 14 天，运输成本较高；另一条线路由海路经苏伊士运河抵达圣彼得堡，尽管成本较低，但耗时约为陆路的 3 倍（约 45 天）。而圣彼得堡－连云港通道一旦建成，可以有效降低运输成本，大大缩短运输时间（约为 10 天）。尽管上合组织并未正式就此签署协议，但纳扎尔巴耶夫对此通道寄予厚望，誉为"世纪建设"。该通道一旦建成，哈将可以搭上中欧贸易的顺风车，不仅可以获得可观的过境费，而且可为处于内陆地区的哈萨克斯坦提供更为便利的对外贸易渠道。同等重要的是，圣彼得堡－连云港通道契合了哈萨克斯坦作为欧亚地区中心地带的地缘政治想象："哈萨克斯坦可以承担欧洲、亚太与南亚经济区之间的一种互通互联、一种洲际经济桥梁的功能"。参与丝绸之路经济带的构建，还可以有效促进哈国内交通条件的改善。圣彼得堡－连云港通道可以贯通哈许多地区，如阿克套、克孜勒奥尔达、希姆肯特、塔拉兹、科尔泰与阿拉木图，有助于哈国内的交通互联和对外联系，促进这些地区特别是西部阿克套与南部希姆肯特等欠发达地区的快速发展。然而，圣彼得堡－连云港通道位于哈萨克斯坦境内的 2787 公里通道建设仍需大量资金投入，估计其建设成本约为 56 亿美元，这笔资金对哈而言并非小数。尽管哈正与国际金融机构洽谈贷款事宜，但在中国倡导构建丝绸之路经济带的背景下，哈预期中国能为其提供重要帮助。不仅如此，哈还期望与中国就改善其国内整体交通网进行合作。根据 2006 年拟定的交通战略，哈计划到 2015 年实现以下目标：建设1600 公里铁路，使 2700 公里铁路实现电气化；建设或改建 5 万公里公路，并实现机场设施的现代化；发展国家商业船队及其港口设施。据此，哈原拟启动八个大型项目，所需投资高达 300 亿美元。尽管通过出口能源资源尤其是石油，哈经济形势持续好转，然而，哈独立转型过程中的诸多问题尚需资金投入，落实上述交通战略面临严峻的压力。在此背景下，丝绸之路经济带的构想无疑契合哈萨克斯坦希望建设和修复其公路网络的需要，并为此提供相应的资金和技术支持。从这方面来看，包括哈萨克斯坦在内的中亚国家都会欢迎并积极参与丝绸之路经济带的构建，因为预期中国会为欧亚国家之间的"道路联通"注入资源，为本国交通运输网络的发展提供新的动力。可以预见，如果丝绸之路经济带为实现道路连通、贸易畅通、货币流通、民心相通投入资源，出于发展本国经济和加强与中国、欧洲国家之间关系等考虑，中亚国家均会支持，哈萨克斯坦自然也不例外。哈萨克斯坦的地缘政治想象与丝绸之路经济带可能带来的物质收益，为哈积极参与丝绸之路经济带构建提供了理由。然而，这并不意味着哈在参与过程中没有自己的考虑，对其中某些建议有所保留甚至反对。事实上，有选择地参与丝绸之路经济带建设以获取收益，但并不认同这一构想，是哈很有可能出现的态度。如何评估哈萨克斯坦对丝绸之路经济带可能产生的疑惑？

本书认为，对此同样可以从哈地缘政治想象及物质收益预期两个角度进行考察。鉴于迄今中国只提出了丝绸之路经济带构建的主要方向和政治原则，尚未提出具体的执行方案、资源投入、工作重点，本书尝试通过考察哈对当前中哈关系的认知做出初步判断。

数据显示，独立之初的哈萨克斯坦因受到中国与苏联长期敌对的影响，对中国更加生分，其民众对中国抱有一种威胁认知。而随着中哈关系的发展，中哈各方面合作的展开，哈民众对中国的威胁认知正在发生变化，正如本书中前章节中的调查数据显示一样，为丝绸之路经济带的构建做了良好的铺垫。中国通过上海合作组织的多边框架及双边关系，积极推进双方之间的文化交流和相互理解，然而由于双方在历史、文化、语言等方面存在的差异，加之哈无力执行相关交流项目，双方的互信水平还有较大的提升空间。国内学者对"丝绸之路经济带"的构想持一种非常乐观的态度，然而这种判断往往忽视哈萨克斯坦精英与民众对与中国进行合作的担心，而且这种担心并不仅仅存在于哈萨克斯坦，在其他中亚国家也存在。随着丝绸之路经济带构想的正式实施，欧亚国家之间将会出现越来越多、越来越迅速的商品、人员、资金、技术、服务等要素的流动。在此背景下，中国只能采取相关措施，通过这一构想向哈提供更多的物质收益，既满足哈精英与民众获利的动机，又缓解他们对中国利用丝绸之路经济带扩张本国在哈实力、危害其国家利益的担心，赢得其支持乃至认同。就此而言，中国需仔细考虑如何使各参与国在构建丝绸之路经济带的过程中大致均等获益，同时采取有力措施增进哈民众对中国的理解和认同。唯其如此，丝绸之路经济带才能成为友谊之路、合作之路与繁荣之路。

参考文献

[1] 孔子学院总部给牛汝及教授《关于中亚国际孔子学院应打造成"一带一路"桥头堡建议》的回函，2016 年 4 月 1 日

[2] 范晓玲《哈萨克斯坦国际汉语教育现状与对策》课题

[3] 范晓玲《哈萨克斯坦国民心目中的中国形象分析》

[4] 范晓玲《哈萨克斯坦网络媒体中的中国形象》

[5] 范晓玲《中亚国家对构建丝绸之路经济带的社会认知调查与分析》

[6] 范晓玲《当好建设"丝绸之路经济带"排头兵在国际语境中讲好中国故事》新疆日报，2013 年 12 月 19 日

[7] 范晓玲《加快构建孔子学院成为"丝绸之路经济带"民心相通之桥推进"和而不同"文化追求成为沟通沿线各国民心之思想基础》新疆日报，2014 年 12 月 13 日

[8] 范晓玲，剧朝阳，苏燕.《丝绸之路经济带人文交流中的中国文化引领与辐射作用》新疆日报，2015 年 5 月 7 日

[9] 范晓玲. 乌克兰国民心目中的中国形象调查研究 [J]. 新疆大学学报，2014 年 09 月（5）

[10] 徐海璇，焦若薇. 吉尔吉斯斯坦留学生眼中的新疆形象分析 [J]. 湖南大众传媒职业技术学院学报，2016 年 1 月（1）

[11] 李琰，马静. 塔吉克斯坦《亚洲之声》传播的中国形象 [J]. 新疆师范大学学报，2014 年 06 月（3）

[12] 李敬欢，李睿. 土库曼斯坦现行教育体制下汉语推广现状及对策初探 [J]. 民族教育研究，2013 年 06 月（6）

[13] 刘运红，刘会强. 中华文化在吉尔吉斯斯坦主要媒体的传播效果研究 [J]. 中南民族大学学报，2015 年 11 月（6）

［17］人民网论坛《全面解读丝绸之路经济带》http：//www. rmlt. com. cn/eco/caijing-
zhuanti/special/sichouzhilu/

1. 周建新：《跨国民族类型与和平跨居模式讨论》，《广西民族学院学报》2002 年第
4 期。

1. 时殷弘. "一带一路"：祈愿审慎［J］. 世界经济与政治，2015，(7)。

［24］张蕴岭. 如何认识"一带一路"的大战略设计［A］.
张洁主编. 中国周边安全形势评估："一带一路"与周边战略（2015）［C］. 北京：
社会科学文献出版社，2015。

［25］张蕴岭主编. 新安全观与新安全体系构建［M］. 北京：社会科学文献出版
社，2015.

［27］王晓博. "一带一路"倡议下的东北亚局势与动向［J］. 东北亚学刊，2015，
(3).

［28］卓新平. "一带一路"上的宗教：历史积淀与现实处境［J］. 中国宗教，2015，
(6).

［29］林民旺. 印度对"一带一路"的认知及中国的政策选择［J］. 世界经济与政
治，2015，(5)

［30］李文，蔡建红. "一带一路"对中国外交新理念的实践意义［J］. 东南亚研
究，2015，(3).

［31］袁胜育，汪伟民. 丝绸之路经济带与中国的中亚政策［J］. 世界经济与政治，
2015，(5) 48

［1］诺曼·奥古斯丁. 危机管理［M］. 北京：中国人民大大学出版社，2004

［2］卡·托卡耶夫. 中亚之鹰的外交战略［M］. 赛力克·纳雷索夫，译. 北京：新
华出版社，2002

［3］布热津斯基. 大棋局［M］. 莫斯科：莫斯科国际关系出版社，1998

［4］冯连勇，沈剑锋. 哈萨克斯坦的石油地位与中哈油气合作［J］. 俄罗斯中亚东
欧研究，2006，(3)

［5］冯连勇，沈剑锋. 哈萨克斯坦的石油地位与中哈油气合作［J］. 俄罗斯中亚东
欧研究，2006，(3)

［6］许宏治. 李鹏总理同卡里莫夫总统会谈［N］. 人民日报，1994 - 04 - 19 (1).

［7］张劲文，徐明棋. 2004 中国国际地位报告［M］. 北京：人民出版社，2000

［8］赵常庆. 中亚五国概论［M］. 北京：经济日报出版社，1999

［9］赵启正．公共外交与跨文化交流［M］．北京：中国人民大学出版社，2011

［10］新疆哈萨克族迁徙史编写组．新疆哈萨克族迁徙史［M］．乌鲁木齐：新疆大学出版社，1993

［11］赵进军．新中国外交60年［M］．北京：北京大学出版社，2009

［12］玛莎·布瑞尔·奥卡特．中亚的第二次机会［M］．北京：时事出版社，2007

［13］金子将史．公共外交"舆论时代"的外交战略［M］．北京：外语教学与研究出版社，2009

［14］杨恕．转型中的中亚和中国［M］．北京：北京大学出版，2005

［15］张永明．哈萨克斯坦共和国经济发展研究［M］．乌鲁木齐：新疆大学出版社，2010

［16］汪金国、王希隆．哈萨克跨国民族社会文化比较研究［M］．北京：民族出版社，2009

［17］苏北海．哈萨克文化史［M］．乌鲁木齐：新疆大学出版社，1989

［18］丁佩华．试论哈萨克斯坦移民结构的历史演变［J］．世界民族，2009（02）

［19］李涛．哈萨克斯坦中国新移民发展概况及趋势［J］．世界民族，2009（06）

［20］王晓鸾．发挥华人华侨在"中国和平崛起"中作用的新思维与对策［J］，暨南学报，2004（26）

［21］苏全有．对中国近代华侨史研究的回顾与反思［J］．大庆师范学院学报，2013（01）

［22］邓三鸿．近10年国内华人华侨研究状况［J］．东岳论丛，2011（11）

［23］康泽民．中国与哈萨克斯坦战略伙伴关系述评．［J］．解放军外国语学院学报，2006（06）

［24］赵可金、刘思如．中国侨务公共外交的兴起［J］．东北亚论坛，2013（09）

［25］高飞．公共外交的界定，形成条件及其作用［J］．外交评论，2006（82）

［26］吴白乙．公共外交——中国外交变革的重要一环［J］．国际政治研究，2010（03）

［27］吴乃华．华人华侨与中国的现代化［J］．民主，2011（02）

［28］丁晓丽．哈萨克斯坦眼中的哈萨克人［J］．俄罗斯中亚东欧市场，2011（11）

［29］唐小松、王义桅．国外对公共外交的探索［J］．国际问题研究，2005年01期

［30］梁婷婷．论公共外交概念理解的国别和时代差异［J］．国际新闻界，2011年05期

［31］罗奕帆. 软权力与中国公共外交［D］. 华中师范大学，2008 年

［32］蒋晨峰. 浅议软实力与中国公共外交［J］. 中共郑州市委党校学报，2009 年 02 期

［33］赵启正. 加强公共外交让世界了解中国［N］. 人民日报海外版，2007

［34］李永强. 中国对日公共外交浅析［D］. 吉林大学，2012 年

［35］俞新天. 构建中国公共外交理论的思考［J］. 国际问题研究，2010 年 06 期

［36］张宏莉. 哈萨克斯坦的境外哈萨克人移民政策［J］. 新疆大学学报，2005 年 33（4）.

［37］李涛. 哈萨克斯坦中国新移民的发展概况及趋势［J］. 世界民族 2009 年第 6 期

［38］夏木斯. 胡马尔. 中国哈萨克［M］. 乌鲁木齐：新疆人民出版社，2009.

［39］王希隆. 哈萨克跨国民族社会文化比较研究［M］. 北京：民族出版社，2009

［40］艾来提·托洪巴依. 中亚五国人口研究［M］. 北京：科学出版社，2014.

［41］顿时春、陈伍国·解密"伊塔事件"真相·内部资料，2007 年.

［42］新疆通志·侨务志［J］. 新疆人民出版社，1994 年 8 月.

［43］仇朝兵. 美国公共外交的经验与挑战及其对中国的启示［J］. 美国问题研究2014/1.

［44］李德华. 试论中亚哈萨克族华人华侨［J］. 新疆地方志，2012 年第 4 期.

［45］哈萨克斯坦中国新移民的发展概况及趋势［J］. 世界民族，2009 年第 6 期。

［46］郭琼. 向西开放视角下的中哈关系［J］. 现代国际关系，2014 年第 4 期.

［47］周明. 地缘政治想象与获益动机－哈萨克斯坦参与丝绸之路经济带构建评估［J］. 外交评论，2014 年第 3 期.

［48］《人民日报》，2014 年 1 月 11 日.

［49］张塞群. 中国侨务政策研究［M］. 北京：知识产权出版社，2010

［50］王宏. 关于加强和改进新形势下侨联工作的意见［M］. 北京：中国华侨出版社，2014

①刘延东. 迈向孔子学院的新 10 年——在第九届孔子学院大会开幕式上的主旨演讲［R］. 孔子学院，2015（1）.

②杨伟芬. 渗透与互动广播电视与国际关系［M］北京：广播学院出版社，2000：25.

③陈强，郑贵兰. 从中国年到孔子学院文化传播与国家形象的柔性塑造［J］. 中国石油大学学报（社会科学版），2007（2）.

④许琳. 汉语国际推广的形势和任务［J］. 世界汉语教学，2007

⑤秦榆. 孔子学院［M］. 北京：中国长安出版社，2008.

⑥欧阳友权. 中国文化品牌发展报告［M］. 北京：社会科学文献出版社，2013（5）.

⑦连大祥. 孔子学院对中国出口贸易及对外直接投资的影响［J］. 中国人民大学学报，2012（1）.

1. 《弘扬人民友谊共创美好未来》，人民网 - 人民日报，2013 - 09 - 08，http：//politics. people. com. cn/n/2013/0908/c1001 - 22842914. html。

2. 《携手建设中国—东盟命运共同体》，人民网 - 人民日报，2013 - 10 - 04，http：//politics. people. com. cn/n/2013/1004/c1024 - 23102653. html。

3. 《习近平出席中阿合作论坛第六届部长级会议开幕式并发表重要讲话》，新华网，2014 - 06 - 05，http：//news. xinhuanet. com/politics/2014 - 06/05/c_ 1111002498. htm。

4. 《习近平力倡"一带一路"全球视野呈现四个新形象》，中国青年网，2016 - 06 - 27，http：//news. youth. cn/wztt/201606/t20160627_ 8192062. htm。

5. 《关注发挥教育交流与合作在"一带一路"建设中的关键作用》，全国职业教育对外合作与交流网，2016，09 - 07，https：//www. cevep. cn/cms/shtml/xwzx/431. shtml。

6. 《第四届丝绸之路经济带环阿尔泰山次区域经济合作国际论坛在乌鲁木齐举行》，阿勒泰党建网，2016 - 9 - 19，http：//alt. xjkunlun. cn/xw/dqxw/2016/5442819. htm。

7. 《教育部："一带一路"沿线国家教育合作重点》，微头条网，2016 - 08 - 12，http：//www. wtoutiao. com/p/25enuop. html。

8. 杨思灵. 2015. "一带一路"倡议下中国与沿线国家关系治理及挑战［J］北京：南亚研究，（2）15 - 34.

9. 马建英. 2015. 美国对中国"一带一路"倡议的认知与反应［J］北京：世界经济与政治，（10）104 - 132.

10. 《"一带一路"彰显中国国家新形象》，中国社会科学网，2016 - 02 - 16，http：//www. cssn. cn/zzx/201602/t20160216_ 2866742. shtml。

11. 李荣. 2016. "一带一路"对外传播的误区及相关对策建议［J］北京：教育传媒研究，（3）18 - 21.

12. 刘传春. 2016. "一带一路"战略的质疑与回应［J］新疆：石河子大学学报，（1）43 - 48.

13. 崔海亮. 2016. "一带一路"背景下中国跨境民族的中华民族认同［J］云南：云南民族大学学报，（1）35 - 41.

14. 余潇枫，张泰琦.2015."和合主义"：建构"国家间认同"的价值范式［J］甘肃：西北师大学报，(6) 5 - 12.

15. 刘洪铎.2016.文化交融如何影响中国与"一带一路"沿线国家的双边贸易往来——基于1995 - 2013年微观贸易数据的实证检验［J］北京：国际贸易问题，(2) 3 - 13.

16. 陈思需.2008.3.国家形象认同与传播［D］天津师范大学硕士学位论文.

17. 姜广元.2010.5.现当代东南亚华人对中国的认同［D］云南大学硕士学位论文.

18. 陶宇坤.2014.6.留学生汉语学习动机及其与中国文化认同研究关系研究［D］广西大学硕士学位论文.

19. 金鑫.2015.5.哈萨克斯坦门户网站中的中国形象调查研究［D］新疆师范大学硕士学位论文.

20. 靳风.2016.5.汉语传播在"一带一路"沿线国家：现状、问题与对策［D］外交学院硕士学位论文.

21. 恩提扎尔·沙哈提.2016.5.新疆哈萨克语网站与哈萨克文化传播研究［D］新疆财经大学硕士学位论文.

附　录

附录一：哈萨克斯坦国民的中国认同调查问卷

您好！我们是研究"哈萨克斯坦国民心目中的中国认同"课题组。在此想请教您对中国的认识。如果您能在百忙之中抽出时间回答我们的问题，我们将非常感谢！

甄别问题 1. 地区

您位于哈萨克斯坦哪个州（地区）？（　　　）

甄别问题 2. 性别（　　　）

A. 男　　　　　　　B. 女

甄别问题 3. 年龄

您的年龄是（　　　）岁。

一、中国联想板块

（1）问：提到中国你最先想到什么？

	正面的	中性的	负面的
政治方面			
经济方面			
文化方面			
社会方面			
其他方面			

（2）您去过中国吗？（　　）

A. 还没有→跳到问题（3）

B. 去过→跳到问题（2）－1

（2）－1. 您去中国的目的是？多选（　　）

A. 观光

B. 出差

C. 留学

D. 外派工作

E. 其他

（3）您主要通过何种途径获得中国相关信息？（　　）

A. 电视

B. 报纸

C. 互联网

D. 周围哈萨克斯坦国民

E. 周围中国人

F. 其他

（4）假定您对日本的好感度是 50 分，请以此为参照分别对美国、中国、俄罗斯的好感度打分，请在 0－100 分之间打分。

（4）－1. 美国：（　　　）分

（4）－2. 中国：（　　　）分

（4）－3. 俄罗斯：（　　　）分

（5）假定您对日本的信赖度是 50 分，请以此为参照分别对美国、中国、俄罗斯的信赖度打分，请在 0－100 分之间打分。

（4）－1. 美国：（　　　）分

（4）－2. 中国：（　　　）分

（4）－3. 俄罗斯：（　　　）分

（6）假定您对日本在世界舞台上的影响力是 50 分，请以此为参照分别对美国、中国、俄罗斯的影响力打分，请在 0－100 分之间打分。

（4）－1. 美国：（　　　）分

（4）－2. 中国：（　　　）分

（4）－3. 俄罗斯：（　　　）分

（7）您认为 20 年后世界上的最强国是以下之中的哪个国家？（　　　）

A. 美国

B. 中国

C. 俄罗斯

D. 日本

E. 其他

二、中国国家形象板块

（1）您如何评价现在的中国？请用 1－5 的数字表明你的认同程度，其中 1 代表完全不认同，2 代表不太认同，3 基本认同，4 大部分认同，5 完全认同。

1. 中国可信可靠（　　　）

2. 中国令人愉悦（　　　）

3. 中国有领导力（　　　）

4. 中国充满活力（　　　）

5. 中国颇具魅力（　　　）

172

6. 中国坚定不移（   ）

7. 中国不断发展（   ）

8. 中国有创新力（   ）

（2）您对中国有好感还是无好感？（   ）

A. 完全没有好感

B. 很难说，没什么感觉

C. 对中国某些方面比较有好感，例如（   ）

D. 很喜欢中国，非常有好感

（3）如果您喜欢中国，那么喜欢中国的原因是什么（可多选)？（   ）

A. 社会稳定

B. 环境优美

C. 灿烂文化

D. 政治民主

E. 经济发达

F. 外交和平

G. 公民素质高

H. 其他

（4）以下是一些中国社会问题的描述，您对这些说法持何种意见？

（4）-1. 贫富差距（   ）

A. 非常大

B. 大

C. 一般

D. 小

E. 非常小

F. 不清楚

（4）-2. 社会治安（   ）

A. 非常好

B. 好

C. 一般

D. 差

E. 非常差

F. 不清楚

（4）－3. 环境保护（   ）

A. 非常好

B. 好

C. 一般

D. 差

E. 非常差

F. 不清楚

（4）－4. 自由开放度（   ）

A. 非常高

B. 高

C. 一般

D. 低

E. 非常低

F. 不清楚

（5）以下是关于中国人特点的描述，各有两个相反意见，您的意见更接近那一边？（   ）

（5）－1. A. 脏	B. 干净	C. 不清楚
（5）－2. A. 勤劳	B. 懒惰	C. 不清楚
（5）－3. A. 顾及别人	B. 自我中心	C. 不清楚
（5）－4. A. 精于算计	B. 不善于算计	C. 不清楚
（5）－5. A. 阴险	B. 直率	C. 不清楚
（5）－6. A. 民族自尊心强	B. 民族自尊心弱	C. 不清楚
（5）－7. A. 可以信赖	B. 无法信赖	C. 不清楚

三、中哈经济合作板块

（1）您认为现在中国 GDP（国内生产总值）在世界上排名第几？请回答您脑海中的第一印象，世界第（   ）位。

A. 第一位

B. 第二位

C. 第三位

D. 第四位

E. 第五位

F. 第六位至十位

G. 第十一位至第二十位

H. 第二十一位以后

I. 不清楚

（2）中国经济的发展对哈萨克斯坦而言更多的是带来利益还是造成威胁？
（　　）

A. 益处更大

B. 威胁更大

C. 各占一半

D. 不知道

（3）您认为现在哈萨克斯坦对哪个国家的贸易顺差最大？（　　　）

A. 美国

B. 俄罗斯

C. 中国

D. 欧盟

E. 其他

（4）哈萨克斯坦国民对中国人民币的认识（　　　）

A. 从未使用过人民币，也不关注

B. 了解很少

C. 工作或经商过程中常常接触人民币，比较了解

D. 关注人民币汇率变化，认为人民币汇率波动在经济上会产生一定影响

E. 其他

（5）您认为，中国公民影响哈萨克斯坦劳务市场的程度如何？"（　　　）

A. 没影响，我们城市几乎没有中国人

B. 有负面影响，因为他们很快在劳务市场上造成激烈竞争

C. 有某些影响，因为中国人在劳务市场上占据了个别领域

D. 影响不大，因为政府在管控中国劳动力的进入

E. 有积极影响，因为在我国劳动力和专家不足

（6）您对在哈投资的中国公司（中石油等）对哈萨克斯坦国家发展有何看法？（　　）

A. 没影响，我们城市没有中国企业

B. 有负面影响，因为他们很快造成激烈竞争

C. 有某些影响，因为中国人在经济上占据了个别领域

D. 影响不大，因为政府在管控中国企业的进入

E. 有积极影响，因为带动哈萨克斯坦经济发展

（7）您对在哈投资的中国公司（中石油等）对增加哈萨克斯坦国民就业有何看法？（　　）

A. 没影响，我们城市没有中国企业

B. 有负面影响，因为语言不通，造成本国国民在中国企业就业困难

C. 有某些影响，在个别地区有中国企业的地方才会增加就业，很有限

D. 影响不大，只有对精通俄汉或哈汉双语的人才才会有影响

E. 有积极影响，很大的带动了哈萨克斯坦当地就业和经济发展

（8）对中国经济的描述，您对这些说法持何种意见？

	非常正确	正确	不正确	完全不正确	不知道
1. 规模大					
2. 成长迅速					
3. 潜力大					
4. 发展质量低					
5. 发展不均衡					
6. 发展前景差					

（9）对中国商品的描述，您的意见更近似于哪一项？

	非常好（高）	好（高）	一般	差（低）	非常差（低）	不清楚
1. 品质						
2. 技术水平						
3. 价格						

（10）您有知道的中国产品品牌吗？请您把想到的全部告诉我：（　　）

四、中哈人文交流板块

（1）您认为中国公民赴哈萨克斯坦的目的是什么？（　　）

A. 工作

B. 经商

C. 结婚和定居

D. 获得国籍

E. 获得财产

（2）您如何对待从中国来的人？（　　）

A. 友好

B. 一般

C. 不友好

D. 无所谓

（3）您认为中国境内的哈萨克族，俄罗斯族，维吾尔族等民族和哈萨克斯坦的同类民族是（　　）

A. 同族同源

B. 不一样

C. 有些方面不一样，例如（　　）

D. 像一家人一样

（4）您对"三股势力"（宗教极端势力、民族分裂势力和国际暴力恐怖势力）怎么看？（　　）

A. 反对

B. 痛恨

C. 不关注

D. 不了解

E. 其他

（5）您如何评价中哈两国关系？（　　　）

A. 非常友好

B. 有好，睦邻关系

C. 一般关系

D. 关系冷淡

E. 紧张关系

F. 敌对关系

G. 很难回答

（6）您认为最妨碍中哈关系的因素是什么？（　　　）

A. 哈萨克斯坦与中国的经济摩擦

B. 历史上问题的意见差异

C. 中国是社会主义体制

D. 不清楚

E. 其他

（7）您认为什么因素最有利于增进中哈友好关系？（　　　）

A. 经济交流

B. 文化交流

C. 人员交流

D. 不清楚

E. 其他

五、中哈文化传播板块

（1）您对孔子学院怎么看？（　　　）

A. 没听过，不知道

B. 知道孔子学院，但不了解

C. 了解得不多，知道那里可以学汉语

D. 从广播电视、报纸杂志上看到相关的报道，认为很有趣

E. 孔子学院是非常好的汉语学习场所，我很向往去哪里学习汉语

G. 其他

（2）您通过哈萨克斯坦的广播电视，报纸杂志等媒体了解到的关于中国的信息多吗？（　　）

A. 完全不了解，从未听说

B. 了解一点

C. 新闻中有过报道，比较感兴趣

D. 经常从媒体中得知关于中国的信息，因为中哈关系越来越友好密切

E. 其他

（3）您了解中国文化和饮食吗？（　　）

A. 不了解，也不喜欢

B. 了解一点，不太关注

C. 比较了解，对中国的饮食、文化等方面比较感兴趣，例如（　　）

D. 非常了解，对中国文化也很感兴趣，是个中国迷，最喜欢中国的（　　）

（4）哈萨克斯坦选择学习外语的前五名是哪几种语言？原因是什么？

①

②

③

④

⑤

原因：

个人信息

1. 您的职业是？（　　）

A. 农/林/渔业

B. 自营业

C. 销售/营业/服务

D. 生产/技能/体力劳动

E. 事务/管理/专门职业

F. 主妇

G. 学生

H. 无职业/退休/其他

2. 您的学历是?（   ）

A. 初中以下

B. 高中

C. 专科在读以上

D. 其他

3. 您的家庭月收入是？包括奖金和银行利息等所有收入。（   ）

A. 2 万坚戈以下

B. 2 万至 5 万坚戈

C. 5 万至 8 万坚戈

D. 8 万至 10 万坚戈

E. 10 万至 15 万坚戈

F. 15 万坚戈以上

附录二：哈萨克斯坦国民的中国认同访谈提纲

访谈对象：哈萨克斯坦的专家群体（高级知识分子、政府官员等）

具体问题：

1. 提到中国你最先想到什么？您所讲的中国相关形象（信息）主要是通过何种渠道形成的？

2. 自 21 世纪以来，"中国崛起"在各国媒体中占据着越来越醒目的位置，5 至 10 年后中国会变成什么样子？您为什么这样认为？

3. 您认为中国崛起后会帮助周边国家吗？为什么？

4. 您对现今国际社会上所谓的"中国威胁论"持怎样的态度，有什么看法？

5. 您认为，中国公司和工人参与并开发哈萨克斯坦的石油天然气资源对哈萨克斯坦是有益还是危险的？

（二）访谈对象：普通百姓（商人、学生家长、各行各业人员等）；

具体问题：

1. 提到中国你最先想到什么？

2. 您赞同自己的孩子学习汉语吗？为什么？

3. 在贵国各种媒体上，关于中国的哪方面报道比较多，您平时关注中国的报道吗？

4. 您平时接触到的中国商品多不多，您对中国商品质量持怎样的看法？

5. 您对中哈霍尔果斯国际边境合作中心了解得多吗？您能谈谈对这里中哈经济贸易往来产生的影响是怎样的吗？

（三）访谈对象：学生群体（来疆的哈萨克斯坦留学生、哈萨克斯坦国内的学生）

具体问题：

1. 提到中国你最先想到什么？

2. 你学习汉语的主要目的是什么？

3. 毕业后，你想留在中国发展还是回到哈萨克斯坦发展，为什么？

4. 你认为在哈萨克斯坦国内的孔子学院学习汉语与在中国高校学习汉语有什么不同，你更喜欢在哪儿学习汉语？

5. 在学习汉语的过程中，你认为在大家提及的中国文化相关内容中，哪一项最能代表中国，为什么？

附录三：调查问卷（俄文版）

Исследование представления о Китае жителей Казахстана.

Здравствуйте! Я студент Синьцзянского Финансово - Экономического университета факультета китайские международного образования. На протяжении года, по обмену в Казахстане, я изучал русский язык, и очень заинтересовался тесными взаимоотношениями между Китаем и Казахстаном, включая политические, экономические, культурные и другие аспекты коммуникации. Насколько хорошо вы знаете и понимаете Китай? Если вы сможете уделить нам пару минут, чтобы ответить на наши вопросы, мы будем очень Вам благодарны!

Обзорный вопрос 1. Место проживания

В какой области вы живете в Казахстане (город)? (　　)

Обзорный вопрос 2. Пол (　　)

A. Мужской　　　B. Женский

Обзорный вопрос 3. Возраст

Сколько Вам лет? (　　).

1. Ваши ассоциации с Китаем.

(1) Вопрос: Ваша первая мысль при упоминании о Китае?

	Позитивная	Обычная	Негативная
Политический аспект			
Экономический аспект			
Культурный аспект			
Социальные аспект			
Прочее			

(2) Были ли Вы в Китае? (　　)

A. 《 Да, я посещал Китай 》, → переходите к вопросу №3 - 1

B. 《 Нет, не был 》, → переходите к вопросу №3 - 2.

№3 - 1. С какой целью вы ездили в Китай? Можно выбрать несколько вариантов. (　　)

A. Туризм

B. Командировка

C. Обучение

D. Работа за границей

E. Другое

№3 – 2. Ваше основное средство получения информации о Китае? (   )

A. Телевидение

B. Газеты

C. Интернет

D. От ныне посещавших Китай казахстанцев

E. От представителей народов Китая

F. Другое

（4）Предположим, ваша положительная оценка Японии 50 баллов, в соответствии с этим эталоном, оцените, пожалуйста, также Соединенные Штаты Америки, Китай и Россию, по шкале от 0 до 100.

（a）США：(   ) баллов

（в）Китай：(   ) баллов

（c）Россия：(   ) баллов

（5）Предположим, ваш уровень доверия Японии 50 баллов, в соответствии с этим эталоном, оцените, пожалуйста, также Соединенные Штаты Америки, Китай и Россию, по шкале от 0 до 100.

（a）США：(   ) баллов

（в）Китай：(   ) баллов

（c）Россия：(   ) баллов

（6）Предположим, что уровень влияния Японии на мировой арене составляет 50 баллов, в соответствии с этим эталоном, оцените, пожалуйста, также Соединенные Штаты Америки, Китай и Россию, по шкале от 0 до 100.

（a）США：(   ) баллов

（в）Китай：(   ) баллов

（c）Россия：(   ) баллов

（7）Как вы думаете, спустья 20 лет, какая из нижеследующих стран станет самой могущественной в мире?（   ）

A. США

B. Китай

C. Россия

D. Япония

E. Другое

2. Национальный образ Китая.

1. Как вы оцениваете нынешний Китай? Цифрами от 1 до 5 укажите свой уровень согласия, где 1 – полностью не согласен, 2 – не совсем согласен, 3 – в основном не согласен, 4 – в основном согласен, 5 – полностью согласен.

1）Китай надежная и безопасная страна（   ）

2）В Китае люди могут почувствовать себя легко и беззаботно（   ）

3）Китай может осуществлять руководство（   ）

4）Китай полон жизненной энергии（   ）

5）Китай обладает некой силой притяжения（   ）

6）Китай всегда выкладывается в полную силу（   ）

7）Китай всегда развивается（   ）

8）Китай имеет инновационный рост（   ）

2. Произвел ли Китай на вас впечатление или же нет?（   ）

A. Абсолютно никакого впечатления

B. Трудно сказать, нет особых впечатлений

C. Некоторые аспекты Китая произвели на меня более – менее благоприятное впечатление, например,（   ）

D. Очень нравится Китай, очень хорошие впечатления

3. Если вам нравится Китай, то по причине（можно выбрать несколько вариантов（   ）

A. Социальная стабильность

B. Красивая природа

C. Великолепная культура

D. Политическая демократия

E. Экономическое развитие

F. Развитие дипломатических отношений

G. Патриотизм

H. Другое

4. Каково ваше мнение о нижеприведенных некоторых социальных проблемах Китая:

4. 1. Уровень социального расслоения в Китае

A）Очень большой

B）Большой

C）Обычный

D）Небольшой

E）Очень маленький

F）Неясно

4. 2. Социальное обеспечение

A）Очень хорошее

B）Хорошее

C）Обычное

D）Плохое

E）Очень плохое

F）Неясно

4. 3. Охрана окружающей среды

A）Очень хорошо

B）Хорошо

C）Обычно

D）Бедного

E）Очень плохо

F）неясно

4. 4 Уровень свободы и открытости

A）Очень высокий

B）Высокий

C）Обычный

D）Низкий

E）Очень низкий

F）неясно

（5）Ниже приводится описание характеристик китайского народа, каждый с двумя противоположными взглядами, какого мнения придерживаетесь вы?

5. 1. A. Неряшливые B. Аккуратные C. Затрудняюсь ответить

5. 2. A. Трудолюбивые B. Ленивые C. Затрудняюсь ответить

5. 3. A. Учтивые B. Самодовольные C. Затрудняюсь ответить

5. 4. A. Специалисты B. Неумелые C. Затрудняюсь ответить

5. 5. A. Коварные B. Прямодушные C. Затрудняюсь ответить

5. 6. A. С сильной национальной гордостью

B. Без национальной гордости

C. Затрудняюсь ответить

5. 7. A. Можно доверять B. Нельзя доверять C. Затрудняюсь ответить

3. Китайско - казахстанское экономическое сотрудничество

1. Как вы думаете, какое место в мире занимает Китай по показателю ВВП （валовой внутренний продукт） в настоящее время? По показателю ВВП Китай занимает （ ） место в мире.

A）Первое место

B）Второе место

C）Третье место

D）Четвертое место

E）Пятое место

F）С шестого по десятое место

G）С одиннадцатого по двадцатое место

H）С двадцать первого и далее

I）Неясно

2. Совместное экономическое развитие Китая и Казахстана выгода или угроза？（　　）

A）Скорее выгода

B）Скорее угроза

C）50 на 50

D）Не знаю

3. Как вы думаете, в настоящее время, с какой страной у Казахстана крупнейший торговый оборот？（　　）

A）США

B）Россия

C）Китай

D）ЕС

E）Другое

4. Какое предсталение имеют казахстанцы о китайской денежной валюте？（　　）

A）Никогда не использовали юани, не проявляют интереса

B）Мало что известно．

C）В процессе работы или бизнеса часто касались юаней, лучшее понимание о валюте.

D）Волнуют проблемы в связи с изменениями обменного курса, так как обменный курс юаня имеет влияние в экономике.

E）Другое

5. Как вы думаете, затрагивают ли китайские граждане рынок труда в Республике Казахстан？（　　）

A）Не затрагивает, в нашем городе почти нет китайцев

B）Оказывают негативное влияние, так как быстро занимают рынок труда, что приводит к жесткой конкуренции.

C) Есть некоторое влияние, потому что китайский народ на рынке труда занял отдельные области

D) Незначительное воздействие, потому что правительство контролирует въезд китайских кадров.

E) Оказывает положительное влияние, так как в нашей стране ощущается нехватка рабочей силы и экспертов

6. Какова ваша точка зрения на развитие Казахстана посредством вложения казахстанских инвестиций в китайские компании (нефть и т. д.)? ( )

A) Не имеет значения, так как в нашем городе нет китайских компаний

B) Оказывает негативное влияние, так как очень быстро создается жесткая конкуренция

C) Существует определенное влияние, потому что китайский народ занимает отдельные области экономики

D) Незначительное воздействие, так как правительство контролирует количество китайских предприятий

E) Имеет место положительный эффект, поскольку продвигает экономическое развитие Республики Казахстан

7. Какова ваша точка зрения на увеличение трудоустройства граждан Республики Казахстан посредством вложения казахстанских инвестиций в китайские компании (нефть и т. д.)? ( )

A) Не имеет значения, так как в нашем городе нет китайских компаний

B) Оказывает негативное влияние, так как из – за языкового барьера, создаются трудности в трудоустройстве казахстанских граждан в китайских предприятиях

C) Существует определенное влияние в отдельных районах, где китайские компании способствуют повышению занятости

D) Не имеет влияния, кроме людей, хорошо знающих русско – китайское или же казахско – китайское языковое направление

Е) Имеет положительное влияние, значительно повысило зянятость казахского населения, повлияло на экономическое развитие

8. Что вы думаете о нижеследующем описании китайской экономики,

	Совершенно верно	Верно	Не верно	Совершенно не верно	Не знаю
1. Масштабная					
2. Быстро растущая					
3. Есть боль шой потенциал					
4. Развитие низкого качества					
5. Несбаланс ированное развитие					
6. Плохие пер спективы развития					

9. Что вы думаете о нижеследующем описании китайских товаров?

	Очень хоро шее (высо кое)	хорошее (высокое)	обычное	Плохое (низкое)	Очень плохое (низкое)	Неясно
1. Качество товара						
2. Уроветь технического оснащения						
3. Цена						

10. Какие вы знаете китайские бренды? Пожалуйста, напишите их все (

)

4. Китайско – казахстанский культурный обмен

（1） Как вы думаете, с какой целью китайские граждане посещают Казахстан? (   )

A. Работа

B. Бизнес

C. Женитьба и обосновывание в Казахстане

D. Приобретение гражданства

E. Доступ к недвижимости

（2） Как вы относитесь к людям из Китая? (   )

A. Дружественно

B. Обычно

C. Недружественно

D. Не имеет значения

（3） Как вы думаете, казахи, русские, уйгуры и другие этнически нации, проживающие на территории КНР и это же нации, проживающие в Казахстане одно и тоже? (   )

A）Это одна нация

B）Это разные нации

C）Отличаются в некоторых отношениях, например, (   )

D）Как одна семья

（4） Как Вы относитесь к "трем силам зла" （религиозные экстремисты, насильственные, этнические, сепаратистские силы и международные террористические силы）? (   )

A. Оппозиционно

B. Ненавижу

C. Не касается

D. Не знаю

E. Другое

（5）Как Вы оцениваете отношения между Китаем и Казахстаном （　　　）

A. очень дружелюбно

B. Существует добрососедские отношения

C. Общие соотношения

D. прохладные отношений

E. напряженно

F. враждебные отношения

G. Затрудняюсь ответить

（6）Как вы считаете, какие факторы препятствуют развитию китайско - казахстанских отношений? （　　　）

　　A. Экономические трения между Казахстаном и КитаемВ. Расхождения во мнениях по вопросам истории

C. Социалистическая система Китая

D. неясно

E. Другое

（7）Какие факторы, по вашему мнению, наиболее благоприятной для содействия развитию дружественных отношений между Китаем и Казахстан （

）

　　A. экономических обменов

B. Культурный обмен

C. обмен персоналом

D. неясно

E. Другие

5. Распространение культуры Казахстана и Китая

1. Как вы относитесь к Иституту Конфуция （　　　）

A. Не слышал, я не знаю.

B. Слышал об Институте Конфуция, но не имею представления,

C. Имею небольшок представление, знаю, что там можно учить китайский язык

D. Видел соотвествующую информацию, касаемо интситута из теле и радиопередедач, а также из газет и журналов, очень интересно.

E. Институт Конфуция является очень хорошим местом, для изучения китайского языка, и я очень хочу пойти туда учиться

F. Другое

2. Посредством казастанского СМИ насколько хорошо вы познали Китай? (　)

A. Ничего не знаю, никогда не слышал

B. Немного знаю

C. Знаю только то, что сообщалось в новостях, немного заинтересовало

D. Часто слышал от СМИ о Китае, так как отношения между Китаем и Казахстаном очень близкие

E. Другое

3. Насколько хорошо вы знаете китайскую культуру и кухню (　)

A. Не знаю, не нравится

B. Немного знаю, но не слишком интересует

C. Более менее хорошо знаю китайскую культуру и кухню, к некоторым аспектам проявляю интерес, например (　)

D. Очень хорошо знают китайскую культуру и кухню, больше всего в Китае нравится (　)

4. Выберите 5 - ку иностранных языков, наиболее популярных в Казахстане. Почему именно это языки?

①

②

③

④

⑤

Почему: _____

Персональная информация

1: Ваша профессия? （   ）

A. Сельское хозяйство / лесное хозяйство / рыболовство

B. Собственный бизнес

C. Сбыт / продажа / обслуживание

D. Производство / навыки / физический труд

E. Работа на дому / Управление / Специализированная профессия

F. домохозяйка

G. Студент

H. Нет специальности / в отставке / другое

2. Образование （   ）

A. Младшие классы средней школы

B. Средняя школы

C. Профессианально - техгическое образование

D. Другое

3. Ежемесячный доход вашей семьи, включая премии, банковские проценты и прочее. （   ）

A. 20000 тегне и ниже

B. 20000 – 50000 тенге

C. 50000 – 80000 тенге

D. 80000 – 100000 тенге

E. 100000 – 150000 тенге

F. Более 150000 тенге

План опроса

1. Объекты опроса: Казахстанские экспертные группы （интеллигенция, чиновники и т. д.）

Конкретные вопросы:

（1）Первое, что вы подумали, при упоминании о Китае? Через какие каналы, в основном, формируется все, что вы знаете о Китае?

（2）С 21 – го века, "подъем Китая" в национальных СМИ занимает все более видное место. Каким вы видите Китай через 5 – 10 лет? Почему вы так думаете?

（3） Как Вы думаете, поможет ли подъем Китая соседним странам? Почему?

（4） На сегодня международное сообщество говорит о « Теории китайской угрозы " Что вы думаете по этому поводу?

（5） Как вы думаете, участие китайских компаний и работников в разработке нефтяных и газовых ресурсов Республики Казахстан, выгодно или опасно?

2. Объекты опроса: обычные люди (бизнесмены, студенты, родители, сотрудники предприятий и другие);

Конкретные вопросы:

（1） Первое, что вы подумали, при упоминании о Китае?

（2） Должны ли ваши дети учить китайский язык? Почему?

（3） Какие аспекты Китая освещают СМИ в вашей стране? Что беспокоит вас больше всего?

（4） С каким количеством товаров из Китая вы обычно имеете отношение? Какого мнения вы придерживаетесь о качестве китайских товаров?

（5） Много ли вы знаете о приграничном центре международного сотрудничества Казахстана и Китая Хоргосе? Что вы можете сказать о торгово – экономических отношениях в Хоргосе?

3. Объекты опроса: студенческие группы (казахстанские студенты в Синьцзяне, , студетны казахстанских ВУЗов)

Конкретные вопросы:

（1） Первое, что вы подумали, при упоминании о Китае?

（2） Основная цель изучения китайского языка?

（3） После окончания института вы хотите остаться в Китае или вернетесь в

Казахстан？Почему？

（4）Как вы думаете, есть ли разница между изучением китайского языка в институте Конфуция в Казахстане и изучением китайского языка в университетах Китая？Где бы Вы сами хотели изучать китайский язык？

（5）В процессе изучения китайского языка, как вы думаете, встречались ли вы с предметами, связанными с китайской культурой, которые наилучшим образом представляют Китай？Какие и почему？

附录四：2013—2014 年哈萨克斯坦国民对 "丝绸之路经济带" 的认知调查问卷

一、调查者基本情况

1. 2013 年＿＿月＿＿日

您的性别（　　）

A. 男

B. 女

3. 您的年龄（　　）

A. 48 岁以上

B. 37－47 岁

C. 26－36 岁

D. 18－25 岁

4. 您的职业（　　）

A. 国家公职人员

B. 教师、学者

C. 无固定职业者

D. 商人

E. 大学生

F 其他（医生、演员等）

5. 您的学历学位

A. 本科（学士）

B. 研究生（硕士）

C. 研究生（博士）

D. 院士

二、对"丝绸之路经济带"认知调查

1. 您是否知道"丝绸之路经济带"？（　　）

A. 知道

B. 不知道

如果您选择 A，请回答从哪里知道的？（　　）

A1. 电视　A2. 报纸　A3. 电台　A4. 网络　A5. 听说的　A6. 其他

2. "丝绸之路经济带"是何时，何人，在何地提出的？（　　）

A. 2013 年 9 月，习近平，哈萨克斯坦

B. 2012 年 9 月，李克强，吉尔吉斯斯坦

C. 2011 年 9 月，胡锦涛，俄罗斯

D. 2011 年 9 月，温家宝，中国

3. "丝绸之路经济带"是以下哪个组织发展的战略方向。（　　）

A. 欧盟

B. 上合

C. 东盟

D. 阿盟

4. "丝绸之路经济带"是（　　）

A. 中国与中亚共同建设的一个开放合作共同体

B. 中国自己建设的经济带

C. 和我们国家没有关系的经济带

D. 不清楚

5. 您对"丝绸之路经济带"的态度是（　　）

A. 很关注很支持

B. 一般关心支持

C. 不关心不支持

D. 无所谓

6. 您认为以下哪项是"丝绸之路经济带"具有的发展价值?（   ）

A. 政治价值

B. 商业价值

C. 文化价值

D. 以上三项都有

7. 您认为中国与中亚国家"丝绸之路经济带"的共建模式是（   ）

A. 双方政策沟通

B. 双方道路联通

C. 双方贸易畅通

D. 双方货币流通

E. 双方民心相通

F. 以上五项都有

8. 您认为"丝绸之路经济带"的意义是（   ）

A. 密切中国与中亚国家的关系

B. 强化区域交流合作

C. 有利于互利共赢的经贸文化交流

D. 推动欧亚大陆经济合作的深化

E. 以上几项都有

F. 不清楚

9. 您是否同意将"丝绸之路经济带"主题纳入中国新疆和中亚国家的教育教学体系?（   ）

A. 同意

B. 不同意

10. 您认为"丝绸之路经济带"今后的发展规模和速度（   ）

A. 很大很快

B. 很小很慢

C. 稳步向前

D. 发展不了

附录五：2014—2015 年哈萨克斯坦国民
对"丝绸之路经济带"的认知访谈提纲

一、访谈者的信息

1. 您的姓名：

2. 您的职业：

3. 您的年龄：

二、访谈内容

1. 您对中国什么方面的消息最关注？最喜欢谈论哪方面有关中国的问题？

提示：（政治、经济、外交、军事、文化、民生等）

2. 您对中国近期的一些热点问题是否关注？

例如：

（1）什么是中国梦？

（2）对中国大力度的反腐？

（3）对习近平怎么看？

（4）对中国改革？

3. 您对"丝绸之路经济带"有何看法？您周围的朋友是否关注？谈论中是否探讨？

提示：

（1）您认为"丝绸之路经济带"具有哪些发展价值？（政治、商业、文化价值）

（2）中国政府提出"政策沟通、道路联通、贸易畅通、货币流通、民心相通"的"五通"丝绸之路经济带共建模式，您有何看法？

（3）您认为复兴"丝绸之路"，最好的发展途径是什么？

您认为孔子学院、汉语中亚传播在"丝绸之路经济带"发展中应做好哪方面的工作？

5. 您认为中国新疆在"丝绸之路经济带"发展中应起什么作用？有什么具体想法？

附录六：2015 年—2016 年有关"丝绸之路经济带"跟踪访谈提纲

您好，2013 年，中国主席习近平在访问哈萨克斯坦时提出了"丝绸之路经济带"，三年了，中国政府针对"丝绸之路经济带"进行了深入研究和探讨，积极推进中国与丝绸之路经济带沿线国家的全方位务实合作，加快推进丝绸之路经济带政策沟通、道路联通、贸易畅通、货币流通、民心相通，显著提升中国与中亚地区合作水平。为了更好地实现中国与中亚共建共赢"丝绸之路经济带"的建设目标，特作以下访谈，请您支持。谢谢。

您的职业：

您的年龄：

您是否关注"丝绸之路经济带"？主要通过哪些途径关注？（电视新闻、报纸新闻、网络新闻、电台新闻、听别人说，其他）

2. 您今天知道的"丝绸之路经济带"的信息和三年前刚刚提出的信息有什么不一样？不一样的地方主要体现在哪些方面？

3. 您最关注"丝绸之路经济带"哪方面的问题？（政策沟通、道路联通、贸易畅通、货币流通、民心相通）？为什么？

4. 您认为实现"丝绸之路经济带"的目标？中国和您的国家，各自要做好哪些工作？

5. 您认为中国新疆在"丝绸之路经济带"中的地位和作用有多大？
为什么？

您认为汉语国际传播、孔子学院在"丝绸之路经济带"发展中起什么作用？
如何更好起作用？

（被访谈者的全名和具体单位要注明）

附录七：来新疆高校哈萨克斯坦留学生眼中的
中国文化和"一带一路"

您好！我们课题组想了解您眼中的"中国文化"和"一带一路"，如果您
能在百忙之中抽出时间回答我们的问题，我们将非常感谢！

1. 您的性别：（　　）
男　　　B. 女

2. 您的年龄：（　　）

A. 15 – 19 岁

B. 20 – 24 岁

C. 25 – 29 岁

D. 30 – 34 岁

E. 35 – 39 岁

F. 40 岁以上

3. 您的学历：（　　）

A. 初中以下

B. 高中

C. 大学本科

D. 硕士

E. 博士

4. 您的汉语水平：（　　　）

A. 初级

B. 中级

C. 高级

一、中国文化印象板块

问：您印象最深的中国文化符号有什么？

中国人物类	孔子	习近平	毛泽东
中国哲学观念类	和谐	孝顺	面子
中国艺术形态类	京剧	功夫	书法
中国自然资源类	熊猫	黄河	泰山
中国生活方式类	节俭	喝茶	存钱
中国人文资源类	长城	千佛洞	布达拉宫

（1）您在中国多长时间了？（　　　）

A. 不到一年

B. 一年至三年

C. 三年至五年

D. 五年以上

（2）您来中国的目的是？多选（　　　）

A. 旅游

B. 定居

C. 留学

D. 外派工作

E. 其他

（3）您主要通过何种途径获得中国文化的相关信息？（　　　）

A. 大众媒体

B. 汉语课

C. 家人、同学、朋友

D. 在中国亲身经历

E. 纪念品、礼品

F. 其他

(4) 您主要通过哪种大众媒体获得中国文化的相关信息？（　　）

A. 电影

B. 书籍

C. 电视

D. 歌曲

E. 杂志

F. 网络

G. 报纸

(5) 假定您对美国文化的了解程度是 50 分，请以此为参照分别对俄罗斯文化、中国文化的了解程度打分，请在 0－100 分之间打分。

A. 俄罗斯文化：（　　）分

B. 中国文化：（　　）分

(6) 您对中国文化持何态度？（　　）

A. 不感兴趣　☞（9）

B. 很难说，没什么感觉

C. 对中国文化的某些方面比较感兴趣　☞（7）

D. 对中国文化非常感兴趣　☞（8）

(7) 您感兴趣的中国文化有（多选)？（请画√）

A. 饮食　　　　　　G. 建筑

B. 文物古迹　　　　H. 音乐

C. 中国功夫　　　　I. 历史

D. 中医　　　　　　J. 社会制度

E. 文学　　　　　　K. 风俗习惯

F. 服饰　　　　　　L. 书法

(8) 您喜爱中国文化的原因是（多选)？（请画√）

A. 充实生活、休闲

B. 学习知识

C. 个人兴趣

D. 为了在中国旅游

（9）您认为在中亚了解中国文化的人多吗？（   ）

A. 很多

B. 多

C. 一般

D. 少

E. 没关注

（10）您对在中亚建立孔子学院的看法是？（   ）

A. 很欢迎

B. 欢迎

C. 一般

D. 不欢迎

（11）您对中国文化走进中亚的看法是？（   ）

A. 有必要在中亚传播中国文化

B. 没有必要在中亚传播中国文化

C. 中亚国民不一定喜爱中国文化

D. 看法不确定

（12）您认为中国文化不一定受到中亚国民喜爱的原因是？（   ）

A. 中国与中亚文化背景不同

B. 中国文化在中亚影响小，中亚的人民对它不了解

C. 在中亚从事汉语教学和中国文化传播的学校教学管理不规范

D. 中国文化不实用

二、丝绸之路经济带板块

（1）您认为"丝绸之路经济带"对中国与中亚的合作中影响力最大的是哪方面？（   ）

A. 经济方面

B. 政治方面

C. 文化方面

D. 医疗方面

（2）您认为"丝绸之路经济带"对中国与中亚文化交流的影响如
何？（　　）

A. 会大力加强文化交流

B. 会一定程度上加强文化交流

C. 没有什么影响

（3）您认为中国与中亚文化交流是平等的吗？（　　）

A. 不平等，是中国文化单方向输出

B. 不平等，是中亚文化单方向输出

C. 平等，双方都进行了文化互动

D. 没想过

（4）您认为"丝绸之路经济带"是中国与中亚文化交流的良好契机吗？
（　　）

A. 是一个很好的契机

B. 对文化交流的影响不大，主要还是促进经济交流

C. 不确定

附录八：调查问卷（俄文版）

Привет！Наша группа хотела бы знать, вы в глазах " китайской культуры
" и " вдоль дороги " , если вы можете найти время в своем напряженном
графике ответить на наши вопросы , мы будем очень признательны!

Вопрос

Вопрос 1. Пол

А. мужчина　　　　Б. женщина

Вопрос 2. Возраст

А. 15 – 19 лет   Б. 20 – 24 лет   В. 25 – 29

Г. 30 – 34 лет   Д. 35 – 39 лет   Е. больше40 лет

Вопрос 3. Образование

А. Младший средней школы   Б. Старший средней школы

В. студент   Г. степень магистра

Д. доктор

Вопрос 4. Уровень китайский язык

А. низкий   Б. средный   В. Высокий

1. Впечатление от китайских планшетах для культуры.

Вопрос: Каково ваше самое глубокое впечатление китайских культурных символов есть?

Китайские	люди	КонфуцийСи Цзиньпин	Мао Цзэдун
Китайская философия	гармония	Сыновнее благочестие	лицо
китайское искусство	Пекинская опера	ушу	каллиграфия
Китай Природные	панда	Желтая река	Гора – тай
Китайский стиль жизни	экономный	чай	Сохранить деньги
Китайский Гуманитарные науки	Великая стена	Пещеры тысячи Будд	дворец Потала

（1） Как долго вы находитесь в Китае? (   )

А. Менее чем через год

Б. от одного до трех лет

В. трех до пяти лет

Г. более пяти лет

（2） Ваша цель состоит в том, чтобы приехать в Китай? Множественный выбор (   )

А. путешествия

Б. переселенцы

В. изучение

Г. назначение работы

Д. другое

（3）Вы в основном получаете информацию о китайской культуре через какие каналы?（　）

А. СМИ

Б. Китайский урок

В. семьи, одноклассники, друзья,

Г. личный опыт в Китае

Д. сувениры, подарки

Е. Другие

（4）Вы в основном получаете информацию о китайской культуре, через которую СМИ?（　）

А. фильм

Б. Книги

В. Телевизор

Г. Песни

Д. журнал

Е. Сеть

Ё. Газеты

（5）Если, ваше знание американской культуры 50 баллов, пожалуйста, обратитесь к России, как культура, уровень понимания китайской культуры забивали, пожалуйста, счет между 0 – 100.

А. Русские культуры：（　）баллов

Б. Китайская культура：（　）баллов

（6）Ваше отношение к китайской культуре?

А. Не интересует　☞（9）

Б. Трудно сказать, я ничего не чувствую

В. Более заинтересованы в некоторых аспектах китайской культуры   ☞
（7）

Г. Очень заинтересованы в китайской культуре   ☞ （8）

（7）Вы заинтересованы в китайской культуре?

（Множественный выбор）

А. Продовольственная

Б. наследие

В. Китайский кунг – фу

Г. Китайская медицина

Д. Литература

Е. Одежда

Ё. Строительство

Ж. Музыка

З. История

И. Социальная система

Й. таможенной

К. каллиграфии

（8）Вы любите китайскую культуру, потому что?   （Множественный
выбор）

А. обогащают жизнь, досуг

Б. узнать

В. личный интерес

Г. Для того, чтобы поехать в Китай

（9）Вы думаете, что люди понимают китайскую культуру в Центральной
Азии много или нет?

А. Многие

Б. Подробнее

В. Общие

Г. Меньше

Д. не касается

（10）Ваше мнение о создании Института Конфуция в Центральной Азии?

А. очень приветствую

Б. Добро пожаловать

В. Общие

Г. не приветствуется

（11）Как вы думаете о китайской зрении культуры входите в Среднюю Азию?

А. необходимо распространить китайскую культуру в Центральной Азии

Б. не нужно распространять китайскую культуру в Центральной Азии Граждане

В. Центральной Азии не обязательно любят китайскую культуру

Г. неопределенными вид

（12）Как вы думаете, китайская культура не обязательно при условии граждан Центральной Азии любимой причине?

А. Разные культурные традиции между Китаем и Центральной Азией

Б. Китайская культура в Центральной Азии невелика, граждане не понимают

В. Центральная Азия занимается преподавания китайского языка и китайской культуры распространения нарушений в области управления обучения

Г. Китайская культура не практично

2. Шелковый путь экономического пояса пластины

（1）Как вы думаете, влияние Китая и сотрудничества в Центральной Азии " Шелковый путь экономического пояса" Какой самый

А. Кономические аспекты

Б. Политические аспекты

В. Культура

Г. Медицинский аспектбольшой?

（2）Как вы думаете, влияние《Шелковый путь экономического пояса》 для культурных обменов между Китаем и Центральной Азией?

А. будет энергично укреплять культурные обмены

Б. будет способствовать укреплению культурных обменов в некоторой степени

В. никакого эффекта

（3）Как вы думаете, культурные обмены между Китаем и Центральной Азией равны ли?

А. Неравенство, китайская культура является однонаправленным выход

Б. Неравенство, азиатская культура Центральной однонаправленный выход

В. Равенство, обе стороны провели культурное взаимодействие

Г. Думали

（4）Как вы думаете, « Шелковый путь экономического пояса" является хорошей возможностью для культурного обмена между Китаем и Центральной Азии делать?

А. это хорошая возможность

Б. мало влияет на культурные обмены, в основном, в целях содействия экономическому обмену

В. неопределенными

后 记

　　2012 年，我有幸参加国家外专局的一个项目，随新疆财经大学 18 位组员前往哈萨克斯坦首都阿斯塔纳学习培训 21 天。组员中大部分是从事中亚经贸研究的专家教授，而我是研究中亚文化传播的，关键是我的专业是哈萨克语专业，貌似能为团队提供一些语言翻译的服务。也确实如此，从三十年前，大学本科专业为哈萨克语，开始学习该语言起，我就和哈萨克族结下了渊源，在学此专业之前，我对这个身边的民族可以说是一无所知，三十年来，我已成了大家心目中的半个哈萨克族，因为有个美丽的哈萨克族名字 "BOTAKOZI"（直译：小骆驼的眼睛，意译：美丽的姑娘），在我的哈族朋友中，他们只知道我的哈萨克族名字。语言这个促进各民族交往交流交融的桥梁和纽带，已把我的工作、学习、生活和哈萨克族完全交融在了一起。这点，在我们到达哈萨克斯坦阿斯塔纳机场就充分显示出来了，在我们经过安检时，我的一句哈萨克语的问好，让哈国的安检人员摘下头上的大帽子，对我们刮目相看，甚至简化了本来烦琐的安检程序，笑脸相迎，这就是语言快速拉近人与人之间距离的力量和魅力。组员中有三人是学习哈萨克语专业的，本想学习了几十年的哈萨克语，从事了几十年培养双语人才的工作，做了几十年汉语与哈萨克语语言与文化的研究，结交了一大堆哈萨克族朋友，对这个民族可以说是虽不了解全部，但大部分民风民俗，历史文化还是有所了解的。所以，到了哈国，就想多了解不同政治、社会、文化等背景下的跨国相同民族，有何不一样。接下来和哈国朋友相处时的一些对话，让我们大惊而特惊，一位哈国高校的外事处处长（来过中国两次）看到我们自己带的"香菇鸡肉"罐头，得知该罐头是乌鲁木齐生产的，竟然很惊奇地问"乌鲁木齐有工厂吗"，问得我们先是哑口无言（大家真没想到啊，竟然如此不了解中国，不了解新疆，亏得中国新疆和哈萨克斯坦还相邻），而后就是乌鲁木齐国际化大都市的介绍，对方听得津津有味，惊奇不断。随后的日子"中国这个…中国那个"，让我们应接不暇。

　　回国后，"哈国国民为什么这样看中国"的问题一直缠绕在我的心头脑海，挥之不去。加上在给哈萨克斯坦留学生教授汉语及中国文化课时，发现的很多跨文化交际，文化冲突的问题，让我有了研究的灵感和想法，哈萨克斯坦，中国的邻邦，古丝绸之路上的重要国家，今天"丝绸之路经济带"构想的提出地，也是当前"丝绸之路经济带"中国自西拓展的第一站，同时又是中亚五国中领土面积最大，经济发展态势良好，国家稳定，对中亚地区主要事务具有重要决策影响的国家。"如何看中国""为什么这样看中国""该怎样看中国"等问题，乃至对"丝绸之路经济带"的认知态度，对中亚其他国家具有示范效应。对此研究不但可以间接地了解哈萨克斯坦国民心目中的中国形象，还能充分理解他们的"中国观"的成因。另外，这一分析结果，也有助于我们改进对外传播，改善哈萨克斯坦公众中的中国形象，营造良好的国际舆论环境，对把握中哈关系的发展前景，提升中国在哈萨克斯坦的影响力，加快丝绸之路经济带建设，维护中国西北边疆的稳定和文化安全，都具有很深的研究价值和意义，一个研究的设想就这样开始了。

　　一项研究"他国"的中国认同，是需要方方面面的准备和详细周密的调查设计的，"认同"研究涉及范围广，内容多，对象杂。更多的必须有资金的支持，还好，项目组获得了新疆师范大学中亚国际教育基地的项目资助以及新疆财经大学 2016 年专著出版经费的资助。

　　本书是由国内课题组和在哈的国家公派教师、汉语教师志愿者共同努力的结果。书稿第一部分由新疆财经大学中国语言学院范晓玲、苏燕、剧朝阳以及该院 2010 级汉语国际教育专业学生王希（现任吉尔吉斯斯坦奥什孔子学院的汉语教师志愿者）、赵亚美（现任哈萨克斯坦阿克托别国立师范孔子学院的汉语教师志愿者）共同完成；书稿第二部分由范晓玲以及该院2011级汉语国际教育专业学生张楠（哈萨克斯坦交换生一年）共同完成；书稿第三部分由范晓玲以及该院2010级汉语国际教育专业学生周楠（哈萨克斯坦交换生一年）共同完成；书稿第四部分由范晓玲以及该院2008级汉语国际教育专业学生赵盼盼、史丽萍（哈萨克斯坦阿克托别师范孔子学院国家公派教师）、侯雷（吉尔吉斯斯坦纳伦州汉语教师志愿者）共同完成；书稿第五部分由哈萨克斯坦阿克托别师范孔子学院中方院长李建宏、范晓玲共同完成；书稿第六部分由范晓玲完成；同时，范晓玲撰写了绪论、后记，苏燕对全书进行了统稿。新疆财经大学中国语言学院甘露、新疆师范大学国际文化交流学院石慧参与了校对。

众人拾柴火焰高，在大家共同努力下，书稿终于完成了。在此，我要特别感谢华东师范大学胡范铸教授，是您的慧眼和鼓励，支持我带领大家一步步开展研究，尤其是书稿的题目定稿，是您给了决定性的建议。还要特别感谢中亚问题研究专家新疆大学孟楠教授、传播学专家张允教授，为书稿的研究、撰写工作给予指导和建议。

在此，我还要特别感谢新疆财经大学支持本书稿的领导和同仁们以及新疆师范大学国际教育学院的梁云院长等同行们对此项研究给予的大力支持和帮助，为我们的研究提供了经费支持。如果没有诸位领导和同仁们的帮助和支持，我们课题组的研究成果也无法形成书稿，实现大家的愿望。

最后还要感谢光明日报出版社，为新疆的研究者们提供了出版平台，让我们的作品呈现在广大读者面前。

感谢之余，还是要说说书稿的不足之处，本研究多是平行的研究，没有明显的理论突破，在内容研究的深度上还很有限，等等。课题组成员研究功力有限，疏漏之处在所难免，请大家见谅，并请专家学者和广大读者批评指正。

范晓玲

2016年9月19日